세상 사람들은 언제나 앞만 똑바로 본다.
하지만 나는 내 속을 응시한다. 모든 사람들은 자기 앞만 바라본다.
하지만 나는 끊임없이 나를 고찰하고 조사하며 나 자신을 음미한다.

몽테뉴, 『에세이』(1580)

● 편집자 주
1783년 베를린의 한 개신교 목사는 〈월간 베를린〉 12월호에 기고한 글에서, 교회성사를 거치지 않은 세속 결혼식의 부당성을 지적하고 이러한 폐습이 '계몽'이라는 이름 아래 이뤄지고 있다고 비판했다. 그는 사람들이 계몽의 정확한 의미도 모르면서 이 말을 유행처럼 쓰고 있다고 한탄했다. 칸트의 『계몽이란 무엇인가? 에 대한 답변(Beantwortung der Frage: Was ist Aufklärung?)』은 이 글에 대한 답장 형식으로 다음해인 1784년에 같은 잡지 〈월간 베를린〉 12월호에 발표한 글이다. 이 글에서 칸트는 '계몽'에 대해 다음과 같이 정의를 내렸다.

"계몽이란 자기 스스로에게 책임이 있는 '미성숙(Unmündigkeit)'으로부터 벗어나는 것이다. …… 미성숙이란 다른 사람의 '도움(Leitung)'을 받지 않고서는 자신의 이성을 사용할 수 없는 상태를 말한다."

"감히 알려고 해라(Sapere aude), 그대 스스로의 이성을 사용할 용기를 가져라(Habe Mut, dich deines eigenen Verstandes zu bedienen)."

칸트 이후 이 말은 유럽 계몽운동의 표어가 되었다.

에피파니 필로스 후마니타스
Epiphany Philos Humanities

스스로
생각하기의
전통

계몽주의 사상과 그 비판

에피파니Epiphany는
'책의 영원성'과 '정신의 불멸성'에 대한 오래된 새로운 믿음을 갖습니다

에피파니 필로스 후마니타스
Epiphany Philos Humanities

스스로
생각하기의
전통

계몽주의 사상과 그 비판

문광훈

에피파니

스스로 생각하기 — 버거움과 즐거움에 대하여

사상 읽기의 네 가지 축

어떤 글이든, 그것이 칸트의 글이든, 괴테의 글이든, 그 글을 읽는 독자에게는 고려해야 할 4개의 축이 있다. 칸트의 글「계몽주의란 무엇인가?」라는 예를 들어보자.

첫째, 칸트가 이 글에서 강조하는 것은 무엇인가? 그것은, 한마디로, 각 개인이 어떻게 살 것인가라는 문제를 어떤 외적 권위에 기대는 것이 아니라 스스로 책임져야 한다는 사실이다. 주체가 스스로 묻고 질의하며 자기 삶을 만들어가는 것은 이 때문에 중요하다.

둘째, 칸트의 이 텍스트가 나온 1800년대를 전후한 시대상황을 고려하는 것이 중요하다. 그때는 물론 프

외적 권위에 기대한 것이 아니라 스스로에게 묻고 스스로 책임지는 것

랑스 혁명 이후 유럽의 사회정치적 현실이 급변하던 시기였다. 어디서나 자리하는 미신과 몽매를 일깨우고, 우둔함과 편협성에 저항하는 지적 운동이 전 유럽적으로 일어났다. 그것은 사상사적 차원에서뿐만 아니라 정치사회적으로도 일어났고, 사회집단적으로도 일어났을뿐만 아니라 개인적으로도, 적어도 양식 있는 지식인의 경우에, 확인될 수 있는 일이었다. 이 점에서 우리는 계몽주의 기획의 시대적 지성사적 의의를 생각할 수 있다.

계몽주의 기획의 시대적 지성사적 의의

이 두 가지 사항으로 칸트의 문제의식은 고갈되는가? 그렇지 않다. 그것은 마땅히 그 책을 읽는 나 ─ 독자의 실존적 관심과 그 현실에 이어져야 한다. 이것이 세 번째다.

나의 실존적 관심

셋째, 우리는 나의 관점에서 칸트의 텍스트가 어떤 의미를 갖는지 물어야 한다. 여기에서는 각 개인의 개별적 성향과 실존적 관심이 큰 역할을 한다. 아무리 중요한 텍스트라고 해도 독자 자신의 개인적 호기심과 실존적 절실성에 메아리를 울리지 못한다면, 그 글은 독자를 마음 깊은 곳으로부터 설득시키기 어렵다. 우리가 오늘날에도 2500년 전의 고대 그리스 비극을 읽는 것은 그것이 인간 삶의 어찌할 바 없는 난경(難

境)을 묘사함으로써 우리의 무디어가는 심금(心琴)에 호소하기 때문이다.

넷째, 우리가 읽는 것은 지금 여기의 현실, 말하자면 2018년 이후의 한국에서 유의미한 것이어야 한다.

지금 여기 한국의 현실에서의 의미

무엇을 읽건, 그것이 지금 여기에서 어떤 의미를 갖는지, 그 현실적 적실성은 무엇인지 우리는 끊임없이 물어야 하고, 그렇게 읽은 사상의 세부 항목은 그런 현재적 물음의 지속적 검토를 이겨내야 한다. 그렇지 않으면? 별 쓸모없을 것이다.

모든 글 읽기는 이 네 개의 축을 고려해야 하고, 이 축들에서 이뤄지는 검증을 이겨내야 한다. 이때 이 네 가지 축은 서로 유기적으로 작동한다. 그러면서 이 모든 논의가 수렴되어야 할 것은 세 번째—글을 읽는 나/자기/개인/주체다. 모든 변화의 싹은 나로부터 트기 시작하고, 결국 나로 돌아갈 것이다.

자기사고 전통의 시작 — 한국적 함의

이 땅의 지성사에서 사고하기의 태도, 특히 스스로 생각하기의 태도가 하나의 규범으로 정착한 적이 있는가? 그것이 대다수 구성원들 사이에서 하나의 생활 습관으로 자리한 적이 있는가? 그래서 '전통'의 일부

스스로 생각하기의 태도

라고 말할 수 있는가? 그렇게 보이지 않는다. 그런 점에서 서구의 사례는 하나의 중대한 참조틀이 될 수 있을 것이다.

이 책에 실린 두 편의 글을 통해 필자가 말하고자 한 것은 단순히 계몽주의의 역사에 대한 개관이나 그 현대적 의의가 아니다. 그것은 흔히 있어 왔고, 또 필요할 뿐만 아니라 자명한 일이기도 하다. 계몽주의가 서구 근대사상사의 가장 중요한 지적 유산의 하나라고 한다면, 이 계몽주의에는 크게는 이성과 합리의 정신이 들어있고, 작게는 논리적이고 투명한 것에 대한 관심과 지향이 들어있다. 그리고 인간의 성격과 관련하여 그것은 자발성이나 자유, 선택과 반성, 의식과 주체(성), 그리고 교육과 형성 개념 등등도 포함한다. 필자에게 중요한 것은 사고의 '자기성'—스스로 생각하는 태도이고, 이런 태도를 통한 자기정체성의 형성이다. 근대적 의미의 자유롭고 독립적인 주체란 이렇게 만들어진 자기정체성의 고유한 이름과 다르지 않다.

이미 여러 번 되풀이하였지만, 오늘날의 한국사회에서 계몽이 필요하다면, 그것은 역사석 계몽을 넘어선 계몽—신화로서 절대화된 계몽이 아니라, 계몽의 퇴행가능성까지도 문제시하는 계몽일 것이다. 이것은 마치 오늘날 우리가 지향해야 할 이성이 기계적 도구적 이성이 아니라 이성을 넘어선 이성이고, 이성 속에서 이성의 폐해를 문제시하면서도 그 새 지평의 가능성을 묻는 이성이어야 하는 것과 같은 이치다. 그것은 삶의 사실에 밀착해야 하고, 경험적 현실을 더 존중해야 하며, 이런 사실과 경험에의 충실에도 불구하고 그 너머로 나아갈 수 있어야 한다. 그러려면 생각하는 주체 스스로 부정변증법적 반성을 쉬지 않아야 한다.

역사적 계몽을 넘어선 계몽—신화로서 절대화된 계몽이 아닌 계몽의 퇴행가능성까지도 문제시하는 계몽

이때의 무게중심은 무엇보다 사고의 자기성—자기사고의 반성성이다. 혹은 반성적 사고의 자기회귀성이다. 왜냐하면 모든 물음과 반성과 검토가 '나'로부터 시작하여 나 밖의 사회로 나아가야 하고, 이렇게 밖으로 나아간 사고가 다시 '나'로 돌아와야 한다는 이 일만큼 생생하게 체험할 수 있는, 그래서 결국 그로 인한 책임을 스스로 떠맡을 수 있는 일은 없기 때문이다. 자기사고의 운동은 주체가 제어할 수 있는 선택과 책임의 영역 안에 있다. 그리하여 그것은 '윤리적 당위'의 사안이면서 주체 스스로 행할 수 있는 '자발적 향유의 일'이다. 그것은 삶을 자기의 고유한 천성과 목소리에 따라 만들어가는 기쁜 일이기 때문이다. 내면에 대한 응시—관조(觀照)나 정관(靜觀) 같은

드높은 인식도 이런 자기사고로부터 시작할 것이다.

즐겁고도 불편한 일

어느 사회에서나 마찬가지로 오늘날 한국 사회가 직면한 문제는 한두 가지가 아니다. 여러 문제가 제각각의 방식으로 자리하고, 여러 요인들이 어떤 사안에서나 서로 관계하면서 중첩적으로 작동한다. 그러니 그 해결을 위해 제안된 방식도 논자에 따라 천차만별이지 않을 수 없다. 어떻게 해야 하는가?

많은 계획이 가능하고, 실천적 시도가 필요할 것이다. 내가 제의하는 것은 '스스로 생각하기의 내면화이고 그 생활화'다. 이제 한국문화는 스스로 생각하는 각 개인의 습관을 하나의 사회적 전통으로 구축할 때가 되었다. 오늘의 우리 문화가 민주사회의 열린 문화로 성숙해 가야 한다면, 그 중심에는 바로 이 자기로부터 시작하는 사고의 갱신성이 있지 않을까? 이제 우리는 생활세계의 기획을 어떤 이념이나 도덕윤리로부터 시작하는 것이 아니라, 물론 이것도 필요하지만, 아주 간단하게, 말하자면 그저 내가 스스로 생각하고, 이런 생각 아래 선택하고 결정한 것에 대해 스스로 책임지는 훈련으로부터 시작하는 것이 어떨까?

스스로 생각하고 스스로 선택하고 스스로 결정한 것에 대해 스스로 책임지는 훈련

시가 중요하고, 예술이 절실한 것은 이런 이유에서다. 시의 언어는 그 어떤 목적에 봉사하지 않기 때문이다. 그것은 심지어 진리를 말한다는 야망이나 포부조차 때로는 버린다. 그러면서 말을 통해 말의 부재로, 침묵으로 나아간다. 그리고 그렇게 나아간 넓고 깊은 지평이 지금 현실과 어떻게 다른지를 알려준다. 시는 인간 삶의 근본적 헛됨에 대한 헛된 표현이고, 이 강제 없는 표현 속에서 다른 현실의 가능성을 암시한다. 그렇듯이 예술은 그 누구도 강제하거나 억압하거나 지배 혹은 명령하지 않는다. 그러면서도 그것은, 마치 시가 그러하듯이, 동시에 보다 나은 삶의 가능성을 비의도적 질의 속에서 부단히 모색해간다.

이때의 사고가 이전보다 더 면밀하고 더 사려 깊으며 더 신중하고 더 다감한 것이 되어야 하는 것임은 말할 것도 없다. 그만큼 우리가 앞으로 지향해야 할 사고의 방법은 복합적이고 다차원적이며, 그 내용은 모순포용적이고 관대하면서도 동시에 적확해야 한다. 이것은 쉬운 일인가? 그렇지 않다. 그것은 불편하고도 버거운 일이다. 스스로 생각한다는 것은 외롭고도 쓸쓸한 일이다. 그러나 좋은 일 가운데 인간에게 버겁지 않는 것이 어디 있는가? 삶의 깊이에 닿고 그 높이에 이를수록 우리는 외롭고 쓸쓸하게 그 일을 감당해야 한다. 그러면서도 스스로 선택한 선의는 버거움을 넘어 자유의 놀라운 길이 되기도 한다. 스스로 생각한다는 것은 각 개인이 자유롭고 독립적인 주체로서 자기 삶을 주인으로 살아가기 위한 불가결한 조건인 것이다.

이런 자기사고라는 주제에서 무엇이 더 보충되어야 할지, 또 그것이 다른 주제와는 어떻게 관계하는지에 대해서는 앞으로 더 고민해야 할 것이다. 지금으로서는 오늘날 계몽의 시작형식이 자기사고의 경로를 따른다는 초보적인 제안으로 마무리하자.

독자 여러분들의 관심과 질정(叱正)을 바란다.

2018년 6월 문광훈

차례

에피파니 필로스 후마니타스
Epiphany Philos Humanities

스스로
생각하기의
전통

I. 계몽주의 철학의 유산

부지런한 어리석음은 우리 인간 종의 특성이다.
칸트, 「학부간의 논쟁」(1798)

계몽주의 철학의 유산

세계역사는 행복의 무대가 아니다.
행복의 시기들은 이 세계 역사 속의 빈 페이지들이다.
헤겔, 『역사철학강의』(1837)

정신은 자기단죄의 대가를 치르면서 인정받는다.
아도르노, 『프리즘』(1955)

계몽주의(Enlightenment, Aufklärung, Lumières, Illuminismo)는, 정치사적으로 영국에서 일어난 명예혁명(1688)에서 시작하여 프랑스혁명(1789) 사이에 자리하는 대략 100년 동안의 시기이고, 이념적으로는 그 이전까지 지배해오던 어둡고 몽매한 힘들에 대항하려는 지적 정신적 움직임을 말한다. 그 힘들이란 교회의 권위나 봉건적 국가체제 그리고 기독교적 독단론 같은 것들이었다. 계몽의 정신은 이러한 폭력적 힘들이 야기하는 크고 작은 미신과 광기, 편견과 광신주의에 저항하는 것이었다.

이 저항에서 이성이 주도적 역할을 한 것은 자명하다. 그것은 좀더 논리적이고 선명하며 과학적이고 객

관적인 것을 선호하는 까닭이다. 그리하여 계몽주의
의 빛은 근본적으로 '이성의 빛(lumen intellectus)'이
다. 신적 '은총의 빛(lumen gratiae)'에 대응하는 그
힘의 핵심은, 칸트가 강조하듯이, 이성을 자발적으로
사용하는 데 있다. 따라서 계몽주의 정신은 이성의 자
발적 사용을 막는 모든 몽매하고 독단적인 힘에 대한
대항이다.

'은총의 빛'에 대응하는 '이성의 빛'

　계몽주의 사상은 근대 유럽의 지적 정치적 운동의
핵심을 이루지만, 각 나라나 문화에 따라, 그리고 개
별 사상가에 따라 조금씩 다르게 나타난다. 그것은 로
크(J. Locke)나 샤프츠베리(A. Shaftesbury)에서 시작
하여 루소(J. J. Rousseau)와 디드로(Denis Diderot)
그리고 달랑베르(Jean le Rond d'Alembert)를 거쳐 칸
트에 이르기까지, 그리고 다시 훔볼트(W. Humboldt)
로부터 시작하여 현대의 아도르노(Th. Adorno)와 포
퍼(K. Popper)를 거쳐 하버마스(J. Habermas)에 이르
기까지 연면히 이어오던 정신적 전통이었다. 그것은,
다양한 문제의식과 무게 중심의 차이가 있는 채로, 한
마디로 '비합리적 표상에 대항하는 이성정향적 프로
그램'이라고 할 수 있다. 더 줄이면, 그것은 스스로 생
각하는 능력 ― 반성력이다. 이 반성력은 자율성과 자

발성을 중시한다.

그러나 계몽주의의 이같은 자율성은 단순히 지적 분야에만 그치지 않는다. 그것은 정치와 종교에서 뿐만 아니라 과학기술이나 경제 그리고 개인적 차원에서 광범위하게 나타난다. 정치적 자유와 마찬가지로 신앙의 독립성이나 사실중시, 수학적 사고, 그리고 망원경 같은 측정 도구의 발명, 나아가 사유재산의 권리 그리고 신체의 가해 금지 등이 중요해지기 시작하는 것도 그런 맥락에서다. 이것은 모두 '절대적으로 근대적인' 가치를 이룬다. 현대 사회의 핵심적 덕목으로 언급되는 '개인적 자유'나 '인권', '비판적 이성'이나 '관용' 혹은 '민주주의'도 이성/과학/계몽/인권 등에 의해 버무려진 근대적 가치들의 용광로로부터 자라나온 것이다.

이 책에서 필자가 말하려는 것은 계몽주의 철학의 전체 역사나 그 전개 과정, 혹은 그 개요나 주요 사상가를 소개하는 것이 아니다. 그것은 필자의 능력을 벗어나는 큰일이기도 하거니와, 시간적으로나 지면상의 조건으로도 불가능할 것이다. 필자의 목표는 계몽주의 철학의 핵심이 무엇인가, 그리고 그 핵심은, 현재적 타당성의 관점에서 보았을 때, 어떤 점에서 그리고 얼마나 타당한가를 묻는 데 있다. 이러한 물음은, 조금 다르게 정식화하면, '오늘날에 있어 계몽주의는 어떻게 자리해야 하는가'로 변주될 수 있다. 이러한 문제의식 아래 필자의 논의는 크게 세 단계로 이뤄진다.

첫째, 계몽주의의 지적 정신적 특성은 무엇인가? 그것은 이른바 서구 유럽의 근대에만 해당되는가, 아니면 시기적으로나 지리적으로 더 확장될 수 있는가? 이것을 우리는 카시러(E. Cassirer)의 논의에 기대어 살펴볼 것이다.

둘째, 계몽주의에 대하여 칸트가 남긴 서너 편의 글을 검토할 것이다. 아마도 그의 글은 계몽주의 사상의 역사적 중요성에 대한 가장 압축적이고도 선명한 고찰이 될 것이다. 이런 식으로 카시러와 칸트의 논의를 통해 계몽주의의 핵심적 전언은 스케치될 수 있을 것이다.

셋째, 계몽주의 철학의 '현대적 재구성'과 관련하여 아도르노와 호르크하이머(M. Horkheimer)의 『계몽의 변증법』(1947)을 검토할 것이다(II장). 이 문제는 이른바 '계몽적 기획의 실패 이후 계몽은 어떻게 가능한가'라는 물음으로 수렴된다.

이러한 일련의 비판적 검토는, 작게는 이 땅에서 우리가 희구하는 이성적인 삶의 더 나은 가능성을 고민하는 데로 이어져야 할 것이고, 동서양 문명에 대한 비교 문화적 의의를 의식하면서 이뤄져야 할 것이다. 이 내용은 결론 부분인 III장에 담았다.

'형성의 에너지' ─ 카시러의 해석

계몽주의 사상과 더불어 서양의 이른바 근대(성)(modern, modernity)가 시작되었다고 흔히 말해진다. 하지만 근대정신의 흐름이 계몽주의 사상에만 들어 있는 것은 아니다. 오히려 계몽주의 철학은, 잘 알려져 있듯이, 15세기의 초기 르네상스 시대를 지나면서 과학과 기술, 수학과 천문학, 그리고 철학과 문학과 예술 등 광범위하게 형성되기 시작한 다방면의 거대한 탈신화적 사실적 경험적 경향의 일부를 이룰 뿐이다. 그것은, 더 간단하게 말하여, 신화(mythos)에서 로고스(logos)로의 움직임이고, 실체(substance)에서 주체(subject)로의 이동이며, 자연에서 자유로, 그리고 신에서 인간으로 옮아가는 거대한 개혁과 변화의

신화(mythos)에서 로고스(logos)로/실체(substance)에서 주체(subject)로/자연에서 자유로/신에서 인간으로

　　　　　스스로 생각하기의 전통

점진적 각성 과정이었다. 계몽주의 사상은 그런 거대한 의식화 흐름의 18세기적 버전을 지칭하는 것이다.

계몽주의 시대가 지나간 지 200~300여 년이 된 오늘날의 관점에서 보았을 때, 그때의 철학은 지금 어떤 사상사적 위치에 있는가? 그것의 어떤 고유한 내용이 오늘날에도 영향을 미치고 있고, 우리는 어떤 점에서 그때의 문제의식과 '의미 있게' 만날 수 있는가?

이러한 물음에서도 그 답변은 시대와 나라에 따라 구분되어 논의되어야 하고, 그 시대에 속한 사상가와 그의 저작별로 차례차례 탐색되어야 한다. 그러기 위해 문헌 고증적 검토는 필수적이다. 그러나 이 글에서 필자가 하려는 것은 이러한 작업이 아니라, 계몽주의 철학에 내재된 어떤 근본 성격 — 그 기본 형식과 주된 문제의식이다. 이를 위해 그에 대한 전체적 조감이 필요하고, 이 조감에서 무엇인가 의미 있는 핵심 — 계몽주의 사상의 내적 에너지와 정신을 끌어내야 한다. 아마도 이 일을 가장 분명하고도 설득력 있게 보여준 대표적 학자가 카시러가 아닌가 여겨진다.

카시러는 계몽철학을 단순히 '반성철학(Reflexions-philosophie)'으로 간주하지 않는다. 계몽철학은 그 이

상이다. 그는 『계몽주의 철학』(1932)에서 이렇게 적고
있다.

사실상 계몽철학의 근본 방향과 본질적 노력은 단순
히 삶을 동반하면서 성찰의 거울 속에서 파악하는 데
결코 있지 않다. 그것은 오히려 사유의 본래적 자발
성을 믿는다. 계몽철학은 사유에 단순히 추가적이고
모사적인 능력을 부여하는 것이 아니라, 삶의 '형성
(Gestaltung)'의 힘과 과제를 부여한다. 사유는 단순
히 분류하고 정리할 뿐만 아니라, 그것이 필연적이라
고 여긴 질서 자체를 이끌어내고 실현시켜야 하며, 바
로 이런 실현의 행위 속에서 자기 자신의 현실과 진실
을 입증해야 한다.[1]

여기에서 강조되고 있는 것은, 한마디로 말하여, 계
몽주의적 사고의 현실성과 실천성이다. 계몽철학은,
카시러가 판단하기에, 단순히 '사고'하거나 '반성'하
는 데 있지 않다. 그것은 무엇보다 "삶의 형성의 힘"
이고, 이 형성의 "과제"를 떠맡는다. 그리하여 그것은
"분류"와 "정리"의 차원에 머무는 것이 아니라, "필
연적인" "질서"를 "이끌어내고 실현시켜야" 한다. 카

스스로 생각하기의 전통

시러는 그 아래에서 더 자세히 설명한다.

계몽주의의 사고는 언제나 다시 체계의 단단한 제약을
부수고, 바로 이 가장 순수하고 가장 독창적인 정신 속
에서 저 엄격한 체계적 사육(飼育)을 벗어나고자 애쓴
다. 그런 사고의 특성이자 그 고유한 성격은 개별적 교
설이나 공리 혹은 학설이 만들어지는 데서 가장 순수
하고도 가장 분명하게 나타나는 것이 아니라, 오히려
의심하고 찾고 허물어뜨리고 세우는 사고의 형성 가운
데에서 나타난다. 이쪽저쪽으로 오가는, 끊임없이 출
렁이는 이러한 운동의 전체는 개별 학설의 단순한 합
계로 해소될 수 없다. 계몽주의의 고유한 '철학'은 볼
테르나 몽테스키외, 흄이나 콩디약, 달랑베르나 디드
로, 볼프나 람베르트 같은 주도적 사상가들이 생각하
고 가르친 것들의 총계와는 다른 무엇이다. 그것은 이
런 학설적 견해의 총계나, 이 견해의 단순 시간적 연쇄
속에서 나타날 수 없다. 왜냐하면 그것은 몇 개의 개별
적 문장 속에 있기보다는 사상적 형식과 방식 자체에
있기 때문이다.[2]

그러니까 계몽주의 사상에서 중요한 것은 "의심하

고 찾고 허물어뜨리고 세우는 사고의 형성"이고, 이런 형성 속에서 "끊임없이 출렁이는 운동의 전체"다. 이것은 개별적 교설이나 혹은 개별적 사상가의 특정한 가르침이 아니다. 그것은 교설이나 가르침과 무관하지는 않지만, 그러나 그 이상이다. 이 사고의 운동이 비판적이라면, 비판적 운동은 '교설'이나 '공리' 혹은 '학설' 같은 틀로 환원되어서는 안 되기 때문이다. 그것은 차라리 움직임이고 에너지이며, 활동이고 생성(werden/becoming)에 가깝다.

그러므로 계몽주의 철학의 요체는 사유의 움직임과 생성성에서 온다고 할 수 있다. 그렇다는 것은 계몽주의란 어떤 '상태'가 아니라 '과정'이고, '존재'가 아니라 '움직임'임을 나타낸다.[3] 계몽주의 정신이란 말의 엄밀한 의미에서 삶의 형성을 위한 과정적 사건이고 프로젝트인 것이다. 어떤 움직임이고, 무엇을 위한 생성인가? 그것은, 칸트 항목에서 다룰 것이지만, 간단히 말하여, '미성숙으로부터 벗어나기'위한 움직임이고, 모든 개인이 '인간으로서의 품위를 가진 성숙한 존재로서' 살아가기 위한 생성이다.

이렇게 움직이며 스스로 형성하는 사고는 주체가 자신을 의식하고 있다는 뜻이고, 이런 의식 속에서 자

스스로 생각하기의 전통

기를 돌아보고 비판한다는 뜻이다. 주체의 자기의식과 자기비판은 그의 사고에 '자발성'이 있음을 보여준다. 사고는 자발적으로 자기 자신을 의식하고 비판한다. 이것이 사고의 자율성이다. 이렇게 자기를 스스로 의식하고 비판하는 주체의 사고가 다름 아닌 곧이성이다. 그리하여 사고의 자기비판 능력은 곧 이성의 자율성 — 자율적 이성의 주체성을 증거한다. 자율적 이성은 주체의 자율과 자유를 나타낸다. 이 자기비판적 움직임 속에서 주체는 대상의 해체와 구축을 반복한다. 이 대목에서 우리는 벤야민적 의미에서 '해체 — 구성의 변증법'을 말해도 좋을 것이다.[4] 말하자면, 계몽의 정신은 한편으로 기존의 사유체계를 '해체'하고, 이렇게 해체된 사유체계를 다른 한편으로는 다시 '구성'하는 방법론을 가진다.

계몽주의 철학의 참된 유산이, 카시러가 지적한 대로, 단순히 반성철학으로서가 아니라 삶의 형성적 힘으로 작용하고, 그래서 그저 사고하고 분류하고 정리하는 데 그치는 것이 아니라 삶의 실질적 질서를 창출하는 에너지에 있다고 한다면, 우리는 이 에너지를 어떻게 해야 하는가? 이에 대한 그의 대답은 물론 여러 가지일 수 있다. 그것은, 나의 판단 아래에 요약한 것과 같이, 네 가지로 요약될 수 있지 않나 싶다. 말하자면, 첫째, '존재와 형성 사이에서' 머물면서, 둘째, '국가와 종교를 넘어 세계 거주자로서' 살며, 셋째, '자기 사고 속에서 개체의 해방'을 도모하며, 넷째, 그러나 이 모든 '학문 이전에 도덕'을 우선시하는 일이다. 좀 더 자세히 살펴보자.

존재와 형성 사이에서

이성 혹은 정신 혹은 규범의 바람직한 위상에 대하여 카시러는 이렇게 적고 있다. 이것은 물론 진실한 계몽이 어떠해야 하는가에 대한 성찰이기도 하다.

이성의 영원하고 불변적인 근본 규범에 대한 고려는, 이 규범들이 어떻게 역사적으로 전개되었는지, 그리고 그것이 경험적 역사적 발전 과정 속에서 어떻게 실현되었는지에 대한 고찰과 나란히 이뤄져야 한다. 이 두 고찰방식의 어울림과 대립으로부터 비로소 정신의 진실한 '계몽'이 자라난다. 정신의 '존재'에 대한 확실성에는 정신의 '형성'에 대한 이해가 불가결하고 통합적인 계기로 있다. 하지만 다른 한편으로 이러한 형성은 물론, 이 형성이 어떤 불변의 존재에 관련되어 측정되

스스로 생각하기의 전통

지 않는다면, 파악되지 않을뿐더러 그 고유한 의미에
서 인식될 수도 없다.[5]

　결국 문제는 계몽을 행할 때 그 심급으로 우리가 사
용하는 이성의 바람직한 형식이 어떠해야 하는가라는
것이다. 그것은 두 가지 사항, 말하자면 "영원하고 불
변적인 근본 규범"과 "경험적 역사적 발전과정"을 동
시에 고려하는 일이고, 이 둘 사이를 오고 가는 일이
며, 이렇게 오고 가면서 "존재"와 "형성"의 상호 관계
를 파악하는 일이다. 이것은, 앞서 언급한 벤야민(W.
Benjamin)의 관점에서 재해석하면, 해체와 구성의 변
증법적 긴장을 고려하는 작업이 될 것이다. 해체와 구
성 속에서 우리는 대상의 보다 높은 객관성을 비로소
인식한다.
　그리하여 존재와 생성의 카시러적 변증법은 벤야민
적 해체구성의 변증법과 유사하다고 할 수 있다. 이
사유의 변증법은, 좀더 일반적으로 말하여, 특수와 보
편, 우연성과 필연성을 왕래하고, 이렇게 왕래하면서
이뤄지는 반성적 움직임을 사유의 내재적 법칙으로
삼는다. 이 원칙에서 무게 중심은, 다시 한 번 더 주의
하여, '반성' 자체가 아니라, 반성을 '행하는 움직임'

이고, 이 움직임의 '실현'이며, 이 움직임을 통한 '형성적 실천'이다.

그리하여 계몽의 원칙은 어떤 계율로 굳어진 것이 아니라, 생활 속에서, 그래서 삶의 나날의 경험현실 속에서 다시 실행되고 검증되어야 한다. 그러면서도 "영원하고 불변적인 근본 규범"이 없는 것은 아니다. 말하자면 계몽의 정신은 하나의 보편적 법칙이면서 동시에 부단히 보완되고 수정되는 경험적 규칙이다. 그것은 이념과 역사, 규범과 일상을 오고 가고, 조금 더 크게 말하여, 보편성과 구체성 사이를 오고 간다. 이렇게 오가면서 그것은 자신을 부단히 갱신해간다. 그러므로 진정한 계몽의 사유는 생활 속에 녹아 있고, 이 생활 속에서 구현되며, 그러면서도 동시에 생활 너머의 이상적 차원으로 나아가야 한다. 그리고 이렇게 나아가면서 그것은 삶의 가능성과 조건을 부단히 문제 삼는다.

"세계 거주자" — 국가와 종파를 넘어

이렇게 되기 위해서는 여러 가지 덕목이 갖춰져야 할 것이다. 계몽주의의 역사적 유산으로부터 의미 있는 교훈을 얻기 위해서는 여러 단계의 예행연습 — 반성적 사고의 변증법을 거쳐야 한다. 크고 작은 맹신과 선입견에 휘둘려서도 안 되고, 어떤 정치경제적 파당심에 의해 이끌려서도 아니 될 것이다. 편견과 선입견의 습관을 버리면서 일상의 개별적 경험을 하나하나씩 검토하는 일을 생활화해야 한다. 이런 원칙의 근본 동력은 진실한 것의 가능성에 대한 관심이다. 이것을 카시러는 다음과 같이 명료하게 정리한다.

> 모든 다른 것에 무감각한 채로 그(역사가: 역자 주)는 오직 진리에의 관심에만 유의하고, 그에게 일어난 부당한 일에 대한 느낌을, 마치 호의에 대한 기억이나, 심지어 조국에 대한 사랑마저도, 버려야 한다. 그는 자신이 어떤 나라에 속한다는 사실도, 또 어떤 종파 속에서 키워졌으며, 이런저런 사람에게 은혜를 입었다는 사실과, 또 이런저런 사람이 자신의 부모요 친구라는 사실마저도 잊어버려야 한다. 역사가란 그 자체로, 멜키세덱(Melchisedech)처럼, 아버지도 없고 어머니도 없으며 족보도 없다. 그에게 당신이 어디에서 왔느냐고 물으면, 그는 이렇게 대답해야 한다. '나는 프랑스인도 아니고, 독일인도 아니며, 영국인도 아니고, 스페인인도 아니다. 나는 세계에 사는 사람이다. 나는 황제에게

봉사하지도 않고, 프랑스 왕에게 봉사하지도 않으며, 오직 진리에 봉사할 뿐이다. 진리가 내가 복종을 맹세한 내 유일한 왕이다.'[6]

위 글에서 카시러는 프랑스 계몽주의 시대의 철학자 베일(P. Bayle)에 기대어 참된 역사가의 덕목을 적고 있지만, 이런 덕목은 역사가에게만 속하지 않는다. 그것은 넓게는 계몽주의 정신의 핵심이고, 더 넓게는 좀더 양식 있는 근대적 인간의 일반적 덕목이 아닐 수 없다. 그것은 간단하게 서술되어 있지만, 그럼에도 중요한 전언을 담고 있지 않나 여겨진다. 자세히 살펴보자.

이 계몽주의 정신, 그리고 근대적 인간의 근대적 정신에는 몇 가지 요소가 있다. 첫째, 일체의 사적 감정으로부터 벗어나는 것이다. 이런 감정에는 "자신에게 일어난 부당한 일에 대한 느낌"뿐만 아니라, "호의에 대한 기억", 나아가 "조국에 대한 사랑"도 있다. 이 모든 사적 감정을 그는, 적어도 자신이 근대적 인간이라면, "버려야 한다." 둘째, 그가 속한 "나라"와 "종파", 심지어 자신의 "부모"와 "친구"도 "잊어버려야" 한다. 그리하여 그에게는 마치 "멜키세덱처럼, 아버지도 없고 어머니도 없으며 족보도 없다."(멜키세덱은 『구약성서』에 나오는 인물로 예루살렘의 옛 지명인 살렘의 왕이었고, 흔히 '정의의 왕'으로 불린다.) 그는 그저 '이 세계에 거주하는 사람(Weltbewohner)'이고, 이렇게 세상에 살면서 오직 진리만 섬기는 바른 사람이다.

바로 이런 윤리적 정언 명령이, 루소의 『사회계약론』이나 『인간불평등기원론』에서 나타나듯이, 개인의 자발적 동의에 의한 '일반 의지(voloné générale)'에의 복종과 이 복종에 의한 법의 탄생을 거쳐서 칸트의 저작 「세계 시민적 관점에서 본 보편사의 이념」으로 나아간다고 카시러는 분석한다. 어떤 사사로운 감정에 휘둘리는 것이 아니라 올바른 원칙을 섬기는 일, 그리하여 부모와 친구와 조국으로부터도 점차 벗어나는 일, 그래서 세상에 거주하는 한 사람의 인간으로서, 그리고 무엇보다 살아 있는 생명의 하나로 자리하는 일은 세계 시민적 감정 속에서 가능할 것이다. 더 정확히 말해, '세계 시민'보다는 '세계 거주민'이라는 말이 삶의 원초적 형태—땅과 하늘 사이에서 물을 마시고 공기를 들이쉬는 인간의 성격에 좀더 맞는 표현일 것이다.

이런 관점에서 보면 계몽의 프로젝트는, 포스트모더니즘이 주장하듯이, 이른바 '거대 서사'가 아니다. 그것은 이성적이고 자유로운 인간이 어떻게 공동체 속에서 제대로 살아갈 것인가를 고민하기 때문이다. 계몽적 근대성의 핵심에는, 앞에서 보았듯이, 어떤 세계 시민적 자세 — 정치적 자유와 사고의 개방성, 상호 존중과 종교적 관대함 그리고 문화적 다양성에 대한 해방적 인식 관심이 자리한다. 그리고 이 모든 덕성의 핵심에 있는 것은 '스스로 생각하고 책임지려는' 자율적 태도다. 이 열린 '세계 거주민'의 태도에 비하면, 이런저런 정부 형태는, 그것이 전제정이든 군주제든, 귀족정이든 민주제 혹은 공화정이든, 얼마나 인위적인 술어인가? 그것은 통치와 지배의 이념형(Idealtypus)이면서 지극히 추상적인 명칭이 아닐 수 없다.

그렇다면 세계 거주민적 태도 속에서 인간의 기본권을 자유롭고 평등하게 행사할 수 있도록 보장하고, 이렇게 보장하는 데 기여하는 것이 오늘의 현실에서 갖는 계몽주의의 역사적 의미일지도 모른다. 역사에 있어서의 근대란 인간이 스스로 자기 자신의 규범과 가치를 창출하는 데 있기 때문이다. 이렇게 창출하는 힘은, 거듭 강조하여, 스스로 의식하는 능력 — 자기의식의 주체적 능력에 있다. 이것은 사회제도적 사안

세계 거주민적 태도

일 뿐만 아니라 무엇보다도 개개인적 사안이다. 거꾸로 개개인의 의식과 실천의 문제이면서 동시에 정치경제적 법률행정적 제도의 문제이다. 삶의 기본권이 보장되는 바람직한 삶은 어떻게 가능한가? 아마도 도덕윤리적 삶은, 적어도 종국적으로는, 지적 확대와 의식의 각성을 포함하는 문화의 성숙 속에서 기대할 수 있을 것이다.

흥미로운 사실은 이런 세계 거주자로서의 면모 ― 국가와 종파를 넘어서는 세계 시민적 근대정신의 싹은, 카시러의 생각으로는, 르네상스 시대에서 이미 여러 가지 형태로 나타난 것이었다는 사실이다. 자기사고의 전통은 단순히 18세기 계몽주의 시대에 와서 비로소 등장하는 것이 아니라, 기나긴 역사의 맥락에서 보면, 저 멀리 13~15세기 르네상스 시대부터 연면히 이어져 오던 것이기도 하였다. 여기에는 물론 다양한 지적 정신적 흐름과 여러 사상가가 자리하고, 그러니만큼 이들의 사상에 대한 복잡다기한 해석의 경향이 있어왔다. 카시러의 안내를 받아 그 시절을 한번 둘러보자.

르네상스 시대의 경우

고대 그리스적 사변과 기독교적 구원론이 르네상

스 바로 앞에 있었다면, 15세기 플로티노스(Plotinus)와 신플라톤주의는 플라톤과 아리스토텔레스 사상의 통합을 추구하였고, 저 유명한 피렌체 아카데미는 이 신플라톤주의 운동의 본거지이기도 하였다. 이 아카데미를 이끌었던 대표적인 인물은, 잘 알려져 있듯이, 피치노(Ficino)와 미란돌라(Pico della Mirandola)였다. 카시러는, 흥미롭게도, 이 모든 요소를 제쳐두고, 쿠자누스(Nikolaus Cusanus)에 주목한다. 왜냐하면 그는 다양하기 이를 데 없는 시대적 흐름 속에서 어떤 일관된 관점을 제시한 것으로 여겨졌기 때문이다.

자기사고와 개체 해방

르네상스의 문제의식에서 핵심은, 카시러가 보기에 '개체'의 문제였다. 이 문제를 그는 부르크하르트(J. Burckhardt)에 기대어 이렇게 전개한다. 즉 인간은 자신을 "그저 인종과 종족, 당파, 단체, 가족 혹은 그 밖의 어떤 일반적인 형식으로만 인식하였고", 그래서 그의 의식은, 그것이 세계에 대한 것이든 인간 자신에 대한 것이든, "신앙과 소아병적 편견과 광기로 된" "베일 아래에서 꿈꾸거나 반쯤 깬 채" 있다가 15세기를 전후한 이탈리아에서 "그 베일이 바람에 불려 벗

스스로 생각하기의 전통

겨졌다"는 것, 그래서 세상의 사물에 대한 "객관적 관찰"이 시작되었다는 것이다.[7]

여기에서 핵심은 '개체성' 혹은 '주관성'의 심화다. 깊어진 주관성이란 인간의 주체가 세상과의 만남에서 자기 자신을 좀더 심각하고 진지하게 다루는 데서 얻어진다. 이렇게 얻어진 주관성은, 이 깊은 주관성 속에서 그가 현실을 만나는 한, 삶과 세계를 객관적으로 파악하는 데 기여한다. 그리하여 주체성의 심화와 객관적 이해는 '같이' 가는 것이다.

후마니타스 — 자기형식의 실현 권리

이 강화된 주관성 속에서 세계는 기존의 껍질 — 종교화되고 신화화된 휘광을 조금씩 벗어나기 시작한다. 세계도 종교도, 그리고 사물도 현실도 그 자체의 신비를 벗어남으로써 좀더 선명하고 즉물적으로 인간 앞에 나타나는 것이다. 그만큼 종교적 이념이 아니라 세속적 경험이, 보편이 아니라 개체가, 신비가 아니라 일상이 점차 더 중시된다. 그러면서 이 매개항 — 초월과 세속, 천상과 지상, 무한한 것과 유한한 것, 창조하는 것과 창조된 것은 더 이상 낯선 것이 아니라, 그래서 반드시 대립적이고 적대적인 관계를 이루는 것이 아니라, 서로 긴밀하게 얽혀 있다는 이해도 생겨난다. 이 둘을 이어주는 인간성의 정신이 다름 아닌 바로 후마니타스(humanitas)다. 카시러는 이렇게 적는다.

인간은 다른 어느 곳이 아닌 오직 자신의 역사에서 자기 자신을 참으로 창조적이고 자유롭게 입증할 수 있다. 여기에서 드러나는 것은, 인간이 우연히 주어진 것들의 모든 진행 속에서, 그리고 외적 상황의 모든 강제 아래에서도 언제나 '창조된 신'으로 남는다는 사실이다. 오직 시간 속에서, 오직 그때그때 순간의 특수성 속에 속해 있고, 순간의 조건 속에 완전히 얽혀 있으면서도, 그러나 그는 이 모든 것에 대하여 언제나 '실패한 신(deus occasionatus)'으로 나타난다. 인간은 자기 고유의 존재로 머물며, 자신의 특수한 인간적 본성의 한계를 어디에서도 결코 넘어서지 못한다. 하지만 바로 그 한계를 다방면으로 전개시키고 드러냄으로써 그는 인간적인 것의 형식과 제약 속에서 신적인 것을 나타낸다. 모든 존재와 마찬가지로 인간 역시 자신의 형식을 완성하고 실현할 권리를 갖기 때문이다.[8]

인용문의 요지는 인간이 "외적 상황의 모든 강제 아

래에서도 언제나 '창조된 신'으로 남는다"는 사실이다. 핵심은 한계를 "다방면으로 전개시키고 드러낸다(allseitig entwickelt und darstellt)"는 데 있다. 한계의 다채로운 전개, 그것은 인간에게 "자신의 형식을 완성하고 실현할 권리"다.

다시 풀어 써보자. 인간은 이런저런 제약에 둘러싸여 있다. 그래서 그 제약으로부터 빠져 나오기 어렵다. 어떤 제약의 경우 그로부터 해방되는 것이 끝끝내 불가능할지도 모른다. 이런 점에서 인간은 가능성의 존재라기보다는 차라리 '한계의 존재'라고 말해야 한다. 하지만 그럼에도 그는 그 한계에 머물러 있다고 말하기 어렵다. 인간은 이 한계에, 이 한계로서의 삶의 조건에 어떤 식으로든 '자기 나름으로' 대응하고자 하기 때문이다. 여기로부터 마침내 삶의 현실을 "완성하고 실현할 권리"가 생겨난다. 그러니까 인간이 진정 인간일 수 있는 것은, 그래서 실패에도 불구하고 신적일 수 있는 것은 바로 그런 맥락에서다. 인간은 이 자기실현의 노력 속에서 결국 '실패한 신'—'창조되면서도 스스로 창조하는 자'가 된다.

이런 맥락으로부터 이른바 원죄설은 비판적으로 고찰될 수 있다. 하지만 그렇다고 해서, 특히 서구의 문화적 전통에서는, 신 자체가 부정되지는 않는다. 인간은 한계 있는 존재이고, 이 한계의 조건은 신이 만들기 때문이다. 그러나 그 조건의 일부를 인간은 자기 삶의 형식 속에서 지속적으로 고쳐갈 수 있다. 이런 개선의 여지가 곧 자유의 영역이다. 자유는, 다시 카시러의 해석을 빌리자면, "덕(virtus)과 기술(ars)을 통해 자기의 존재를 만들어가는(gestalten)"데 있다.[9] 이렇게 자신을 만들어가면서 그는 자기 삶을 '전환'하고 '변형'하고자 한다. 그러므로 자유의 영역이란 곧 변형의 영역이다. 자유란 곧 삶의 변형가능성이다. 자유의 영역은, 피코의 놀라운 연설이 보여주듯이, 그 자체로 인간 정신의 위대함을 증거한다. 인간의 현실은 이 자유의 정신 덕분에 '만들어진다'. 이때 삶은 더 이상 '창조'나 '유출'로 설명되는 것이 아니라, 수행과 실천의 적극적 계기 속에서 변화/개선/발전/진보될 수 있는 것으로 이해되는 것이다.

그런데 자기의식 혹은 자기인식의 이러한 역사는 르네상스에 와서야 출현한 것일까? 자기사고가 반드시 계몽주의 시대의 소산은 아니듯이, 그래서 그것이 르네상스의 몇몇 사상가들에게 이미 나타나듯이, 자기의식의 흔적 역시 르네상스 시기를 지나면서 일종

스스로 생각하기의 전통

의 시대정신으로서 천문학이나 수학, 예술과 문학 등에서 광범위하게 나타나기 시작한다. 그리고 그 싹은, 강조되어야 할 점은 바로 이것인데, 고대 그리스 철학에서 벌써 생겨난 것이라고 할 수 있다. '너 자신을 알라'라는 소크라테스의 인간학적 질문이 그 좋은 예일 것이다.

소크라테스의 예(例)

사물의 본성은 경험적으로 관찰할 수 있다. 그래서 논리적으로도 분석 가능하다. 그에 반해 인간의 본성은 대개 관찰과 분석의 이런 틀을 넘어선다고 할 수 있다. 그리하여 인간의 문제는 자연보다 훨씬 포괄적이고 복합적이다.

소크라테스 이전 시기에 우주에 대한 물리적 관심은, 여러 자연 철학자들의 저작이 보여주듯이, 신화적 설명과 착잡하게 뒤엉켜 있었다. 그러나 소크라테스에 와서 물리적 관심보다는 인간의 문제가 점차 더 부각되기 시작한다. 그러면서 이전의 자연 철학적 주제나 형이상학적 과제는 인간학적 탐구의 관점 속으로 유입된다. 인간과 주체에 대한 물음이나, 이런 물음에서 생겨나는 자기의식과 자기인식의 문제 그리고 자기성찰에 대한 관심도 이렇게 등장한다. 이것을 잘 보여주는 것이 소크라테스의 아래 언급이다.

소크라테스: (…) 거기에 대해서는 정말 내게 시간이 없네. 그 이유는 바로 이것이라네. 나는 아직도 델피의 명문(銘文)을 스스로 알지 못하네. 이것을 알지 못하는 한, 다른 일을 생각한다는 것은 우스꽝스러워 보이네. 그 때문에 나는 이 모든 것을 그대로 두네. 그에 대해 일반적으로 믿어지는 것이 무엇인지 가정하면서 (…) 이것들에 대해 생각하는 것이 아니라 내 자신에 대해 생각하네. 내가 이를테면 괴물이 아닌지, 그래서 기이하게 만들어져 티폰(Typhon)보다 더 사나운 존재인지, 아니면 좀더 단순하고 온순하여 자연의 신적이고 고귀한 본성의 일부를 즐거워하는 존재인지 말일세.(229e~230a)[10]

제자 파이드로스(Phaidros)가 고대 신화 속의 여러 동물들 — 페가수스나 켄타로스 아니면 고르곤 같은 생물의 기괴함에 대해 묻자, 소크라테스는 그렇게 물을 시간이 자신에게는 없다고 대답한다. 그 자신은 "델피의 명문"도 알지 못하기 때문이다. 여기에서

스스로 생각하기의 전통

"델피의 명문"이란, 잘 알려져 있듯이, '너 자신을 알라(Gnōthi sauton)'라는 말이다. 그것은 다른 무엇이 아닌 인간 자신의 한계를 인식하라는 뜻이고, 그러니만큼 인간의 교만과 무례를 경고한다.

그러므로 델피의 명문에 대한 소크라테스의 관심은 자기인식에 대한 관심이다. 그것은 자신이 티폰 같은 괴물인지 아니면 고귀한 신적 존재인지에 대한 물음이다. (티폰은 100개의 뱀 머리를 가진 괴물이다.) 이 인간학적 물음과 이 물음 속에 깃든 자기인식적 관심은 누군가 시켜서, 혹은 세상 사람들이 필요하다고 하여, 소크라테스가 가진 게 아니다. 그것은 그가 '배움을 좋아하기' 때문이다.(230d) 왜 날씨 좋은 날에 성벽 밖으로도 나가지 않고, 시내 밖이나 나라 밖으로 돌아다니지 않는가라는 파이드로스의 물음에 대하여 소크라테스가 한 대답도 그러했다. 그런 물음은 그에게 거의 생래적으로 주어진 것이다. 말하자면 어떤 내면적 절실성 속에서 저절로 주어졌다. 이 내면적 목소리를 소크라테스는 자주 '다이몬(daimon)'이라고 불렀다. 여기에 대해 카시러는 『인간이란 무엇인가?』(1944)에서 이렇게 논평한다.

인간은 끊임없이 자기 자신을 찾아나서는 피조물이고, 사고의 매 순간에 자기실존의 조건을 검토하고 신중하게 검토하지 않으면 안 되는 존재로 밝혀진다. 이러한 검토, 이 비판적 태도 속에 인간 삶의 진실한 가치가 놓여 있다. 소크라테스는 『변론』에서, "자기 검토가 없는 삶은 살 만한 가치가 없다"고 말하였다. (…) 인간이 자기 자신과 타인에게 개입하는 근본 능력, 자기 자신과 다른 사람에게 답변하는 근본 능력으로 인해 그는 '책임 있는 존재'(responsible being)로, 도덕적 주체로 된다.[11]

위 인용문에도 여러 가지 열쇠어가 들어 있지만지만, 핵심은 자기 찾기-자기검토-책임성-도덕적 주체라고 할 수 있다. 인간의 근본 능력은 "끊임없이 자기 자신을 찾아나서는" 데 있고, "사고의 매 순간에 자기실존의 조건을 검토하"는 데 있다. 이러한 "비판적 태도"는 지금으로부터 2500여 전 전부터 인류사적으로 계속 이어지던 것이었다. 2500년 인간학적 탐구의 기나긴 경로를 지탱하는 핵심 물음은 '나는 누구인가'에 대한 '반성적' 자기물음이었다.[12] 그리고 이러한 물음으로부터 책임과 윤리의 문제도 파생된다.

그러므로 "자기검토가 없는 삶은 살만한 가치가 없다"는 테제는 소크라테스에게서만 타당한 것이 아니라고 우리는 말할 수 있다. 그것은 소크라테스와 플라톤에서부터 시작하여 마르쿠스 아우렐리우스와 아우구스티누스를 거쳐, 그리고 르네상스기의 피치노나 미란돌라를 거쳐 근대의 칸트와 헤겔, 나아가 오늘날의 현대 철학자에 이르기까지 쭉 이어져 왔다. 이 기나긴 경로에서 계몽주의는, 이 시기에 이성의 능력과 이 능력에 의한 역사 진보에 대한 신뢰가 가장 드세었다는 점에서, 그 정점이라고 할 수 있다. 카시러가 18세기의 정신을 변함없이 찬미하는 것은 그런 이유에서일 것이다. 인간을 책임 있는 존재이자 도덕적 주체로 만드는 것도 바로 자기비판과 자기검토의 능력이다. 비판력과 판단력 그리고 식별력도 이런 자기추구의 요구에서 온다.

덕 – 자유 – 형성

단순한 존재로 머무는 것이 아니라 자기 자신을 만들어가는 것, 그래서 고정불변의 것으로 '있는' 것이 아니라 스스로 변화할 수 있고 스스로 개선해가는 존재로 '살아가는' 것, 이렇게 살아가며 자신을 만들어가는 것, 나아가 자신을 만들 뿐만 아니라 스스로 자유로운 가운데 타인도 자유롭게 하는 것, 이것이야말로 인간 실존의 이유다. 인간이 존엄한 것은 바로 이 때문이다. 이 자발적 자기형성의 경로 속에서 인간은 마침내 '자연에서 자유로' 나아간다. 인간 존엄의 경로는 자연으로부터 자유로의 길인 것이다.

인간 존엄성의 길은, 다른 식으로 말하여, '존재'가 '의식'으로 되는 길이고, '힘'이 '행위'로 전환하는 길이며, '운명(fortuna)' 대신 '덕(virtus)'이 들어서며, '섭리' 대신 '자유의지'가 생겨나는 길이기도 하다. 그러나 이 길은 간단치 않다. 존재로부터 자기의식으로 나아가고, 실체에서 주체로 변형해가는 길은 결코 쉬운 길이 아니다. 그 길은 적극적으로 만들어져야 하고, 주체 스스로 개입해야 한다. 그런 적극적 변화와 능동적 개입의 세계가 다름 아닌 문화다. 인간은 이 문화의 산물이고 그 궤적으로서의 정신을 통해 자신의 존엄과 자유를 입증한다.

이 자유와 존엄 속에서 그는 자기 가치를 만들어간다. 가치형성의 이 과정은 지극히 복잡하다. 그래서 여러 덕성이 요구된다. 이를테면 대상에 대해 잘 '판단'해야 하고, 이 판단 후에 올바르게 '선택'해야 하며, 이렇게 선택한 것을 제대로 '실행'할 수 있어야 한다. 여기에는 풍성한 감각이나 정확한 사고뿐만 아니라 선의와 정의도 필요하다. 이성은 이 모든 요소를 제어하는 심급이 될 것이다.

그러므로 자유의지에 대한 관심은 이성에 대한 관심으로부터 오고, 이런 관심 자체가 인간주의적이고 인본주의적이라고 할 수 있다. 그래서 이 관심은 르네상스 철학의 근본 구조를 이룬다. 그러나 르네상스 시기에서의 이성은 이성만의 이성이라기보다는 신앙과 조화를 이룰 수 있는 이성 쪽에 가깝다. 하지만 그 무게 중심은 더 이상 신앙에 놓인 것이 아니라 이성 쪽으로 기울어져 있다. 그리고 그 경사도는 시간이 갈수록 심해진다. 이 점은 다시 한 번 강조되어야 한다. 인간은 이성 속에서 신적인 것을 향해 상승하고자 한다.

인간은 근본적 한계에도 불구하고 자유를 통해 자기 삶을 만들면서 신적 완전성을 향해 조금씩 근접해 간다. 예술은 삶의 이 자발적 만듦 ― 삶의 창조적 형성에 관계한다. 예술 작품이 아름다운 것은 그 자체로서 그렇기도 하지만, 무엇보다 그것이 인간의 자유로운 창조력이 드러나는 매체이기 때문이다.

예술은 삶의 자발적 만듦에 관계한다

지금까지의 논의는 이렇게 정리될 수 있을 것이다. 르네상스에서 이루어진 인간의 해방은 주체성의 심화에서 오고, 이 심화된 주체성의 핵심에는 자기의식이 있다는 것, 주체의 자기의식은 그때까지 그를 짓눌러 오던 종교나 종족, 가족이나 당파 같은 집단적 일반적 후광을 벗어나 자기 삶의 형식을 스스로 고민하고 선택하며, 그렇게 선택한 것에 자발적으로 책임지는 데 있다. 인간의 자유는 그런 자발적 선택과 책임의식으로부터 비로소 생겨난다. 이 선택과 책임의식 덕분에 그는 단순히 창조된 피조물로 머무는 것이 아니라, 피조물이면서 동시에 이 피조물적 한계 속에서나마 자신을 조금씩 '처음으로 만들어가는', 그렇게 만들어낼 수 있는 창조의 주체로 자리한다. 이것이 좁게는 피렌체의 플라톤 아카데미가 가졌던 사상의 핵심이고, 크게는 르네상스 철학의 핵심이다.

학문 이전에 도덕을

이제 마무리하자. 계몽주의 철학에 대한 카시러의 해석에서 남은 것은 무엇인가? 계몽주의 사상의 핵심이 단순히 사고의 '반성성'에 있는 것이 아니라 그 '움직임'에 있고, 이 '움직임'을 통한 '삶의 형성'에 있다고

계몽주의의 핵심은 사고의 '반성성'보다 그 '움직임'에 있고, 이 '움직임'을 통한 '삶의 형성'에 있다

한다면, 그리고 근대적 형성력의 뿌리가 르네상스의 자기의식으로부터 생겨난 것이고, 이 자기의식이 삶의 형식을 실현하고자 하는 의지에 있는 것이라면, 우리는 그 정신으로부터 무엇을 배울 수 있는가? 이 대목에서 카시러는 삶을 우선시한다. 지식은, 오직 그것이 생활의 질서를 잡는 데 도움이 될 때, 비로소 의미를 얻기 때문이다. 카시러의 결론을 읽어보자.

그것(지식: 역자 주)은 그 자체로 어떤 절대적 '우위'를 요구해선 안 된다. 왜냐하면 정신적 가치의 왕국에서 우위를 갖는 것은 '도덕적 의지'이기 때문이다. 그러므로 인간적 공동체의 질서에서도 '의지 세계(Willenswelt)'의 확고하고 분명한 형성은 '지식세계'의 구축보다 앞서야 한다. 인간은 세계의, 그리고 외적 대상의 법칙을 묻고 연구하기 전에 자기 자신 속에서 확고한 법칙을 스스로 찾아내야 한다. 이 첫 번째 긴급한 문제가 해결되면, 정신은 국가적 사회적 우주의 질서 속에서 진실한 자유로 관철되고, 그런 후 그는 탐구의 자유에 자신을 느긋하게 맡기면 된다. 이때 지식은 더 이상 단순히 지나친 기교로 전락하지 않을 것이다. 또 그것은 인간을 유약하게 하거나 맥 빠지게 만들지도 않을 것이다. 오직 사물의 거짓된 '윤리적' 질서만이 지식을 이 잘못된 방향으로 이끌었고, 순전히 지적 멋들어짐으로, 일종의 정신적 사치로 만들었던 것이다. 이런 장애가 제거되면, 지식은 저절로 올바른 방향으로 갈 것이다. 도덕적 자유가 없다면, 지적 자유란 인간에게 전혀 쓸모없다. 하지만 도덕적 자유는, 그 모든 자의성을 없애고, 오직 법칙의 내적 필연성이 이기도록 돕는 사회 질서의 근본적 변혁(Umwandlung) 없이 얻어질 수 없다.[13]

위 글에서 대립 이항은 지식과 도덕, 학문과 의지이다. 아니면 "정신적 자유"와 "도덕적 자유"라고 말할 수도 있다. 이때 지식은 학문과 탐구를 대변하고, 도덕은 의지(Wille)를 대변한다. 도덕은 의욕하는 데에서 나오기 때문이다. 이 두 요소 가운데 카시러는 우선권을 부여하는 것은 도덕이나 의지다.

지식보다 중요한 것이 도덕이다. 따라서 학문적 세계 이전에 윤리적 세계가 먼저 정립되어야 한다. 학문이 도덕보다 우선되거나, 이 도덕이 거짓될 경우, 지식은 타락한다. 윤리적 질서가 성립되지 않은 채 지식만 강조되면, 인간은 "유약해지거나 맥 빠지게 되기"

스스로 생각하기의 전통

때문이다. "지나친 기교의 폐해"도 이렇게 생겨난다. 이 지적 기교나 정신적 멋 위에 기생하는 것이 거짓 학문이요 거짓 윤리다.

카시러가 학문보다 윤리를 우선시한 것은 그가 지식의 가치나 학문의 세계를 가볍게 여기기 때문이 아닐 것이다. 오히려 그것은 험난했던 나치즘의 현실을 몸소 겪었던 그 자신의 체험으로부터 나왔을 것이다. 그는 25살 때 데카르트 비판으로 박사 학위를 받았고, 32살 때 근대의 인식 문제를 다뤄 교수 자격 논문을 완성했다. 그 후 그는 13년 동안이나 베를린에서 강사 생활을 해야 했다. 그러다가 함부르크 대학에서 철학 교수가 된 것은 1919년, 그의 나이 45살이 되어서였다. 그러나 1933년 나치의 집권 후 이들의 박해 때문에 그는 독일을 떠나야 했다. 그의 나이는 59살이었다. 영국 옥스퍼드와 스웨덴을 거쳐 그는 뉴욕에서 교수 생활을 하다가 1945년에 세상을 떠난다. 『국가의 신화』는 사후인 1946년에야 출간된다. 그의 시대는 얼마나 폭력적이고, 나날의 일상은 얼마나 불안정했을 것인가?

학문도 시대의 산물이고 정신도 역사의 파생물이다. 그러면서 학문과 정신은 시대와 역사 너머의 지평으로 향한다. 우리가 언제나 염두에 두어야 할 것은 지식 자체가 아니라 '지식의 윤리적 변용가능성'이라는 사실의 엄중성일 것이다. 그러나 이것이 가능하기 위해서는, 다시 한 번 카시러가 지적한 대로, "'의지 세계'의 확고하고 분명한 형성"이 전제되어야 한다. 먼저 구축되어야 할 것은 지식세계가 아니라 의지세계이고, 이때의 의지란 선의지가 될 것이다. 선의지는, 그것이 보다 나은 삶을 향한다는 점에서, 윤리적이기 때문이다. 카시러는 적는다. "도덕적 자유가 없다면, 지적 자유란 인간에게 전혀 쓸모없다. 하지만 도덕적 자유는, 그 모든 자의성을 없애고, 오직 법칙의 내적 필연성이 이기도록 돕는 사회 질서의 근본적 변혁 없이 얻어질 수 없다." 그러므로 이성적 사회를 위해 가장 먼저 필요한 것은 윤리적 세계의 확립이고, 이런 세계를 위한 '사회 질서의 근본적 변혁'이다.

그런데 카시러의 이 같은 생각은 칸트에게서도 나타난다. 카시러가 학문적 세계 이전에 도덕적 세계를 우선시했다면, 그래서 지적 자유보다 도덕적 자유를 더 중시하였다면, 도덕적인 것에 대한 그의 관심은 사실 칸트 사상의 바탕을 이룬다. 칸트의 계몽주의적 기획을 지탱하는 것은 도덕적 관심과 그 의지인 까닭이다.

자발적 이성 사용 ─ 칸트의 문제의식

칸트의 이른바 3대 비판서 역시 계몽주의적 문제의식을 표명하고 있지만, 이런 문제의식은 그 이전에 쓴 짧은 저술들, 이를테면 「계몽주의란 무엇인가에 대한 답변」(1784)이나 「세계 시민적 관점에서 본 보편사의 이념」(1784), 「영원한 평화에 대하여」(1795) 그리고 『학부 간의 논쟁』에 들어 있는 2부 「새롭게 제기된 문제: 인류는 더 나은 상태를 향해 계속적으로 진보하고 있는가」(1798)에도 들어 있다.

이 글에서는 칸트의 계몽주의 사상 전체를 기승전결로 살피는 것이 아니라, 그 핵심만 단계적으로 요약하면서 스케치하고자 한다. 그 요약은 아래의 다섯 가지 ─ "부족한 도덕성"(첫째)이 자리하는 "사악함의 지옥"으로서의 현실에서(둘째), "스스로 생각하기"의 중요성을 염두에 두면서(셋째), "혁명보다 어려운 '사고 개혁'"을 해나가는 일(넷째), 그리고 이를 위해 부단한 "시도와 연습 그리고 수업"을 해야 한다는 것이다(다섯째).

부족한 도덕성

앞서 카시러가 지적 세계보다는 도덕적 세계의 건설이 더 중요하다고 말하였지만, 칸트 역시 근본적으로 당대 세계에서 결여된 것이 문화나 문명이 아니라 '도덕'이라고 진단하였다. 그는 이렇게 쓴다.

> 우리는 예술과 학문을 통해 드높게 '문화화되었다 (kultiviert)'. 그리고 사회적 공손과 예의에 대해서도 과도할 정도로 '문명화되었다(zivilisiert)'. 그러나 우리를 이미 '도덕화(moralisiert)'되었다고 간주하기에는 아직도 너무 많은 것이 부족하다. 왜냐하면 도덕성의 이념은 여전히 문화에 속하기 때문이다.[14]

여기에서 '문화화'와 '문명화' 그리고 '도덕화'는 물론 대조적으로 쓰였다. 칸트는 문화화나 문명화가 인류에게, 적어도 1800년 무렵의 서구 유럽적 기준에서 보면, "상당할 정도로" 이뤄진 것에 반하여, 도덕화는 이뤄지지 않고 있다고 본다. 이 도덕성이 문화에 속한다면, 그것은 결국 문화의 수준도 높지 않다는 것을 뜻한다. 문화가 마음의 밭을 '일구는(cultivate)'는 교양이자 교육(Bildung)이라고 한다면, 문화의 부족은 곧 교양과 교육의 부족이 아닐 수 없다. 이것은 문명화의 수준을 보여주는 많은 예의범절이 겉치레에 골몰하고, 명예나 명예심도 권력과 소유를 중심으로 행사되는 데서 잘 드러난다. 좋은 것에 대한 추구가 선한 심성에 기반을 두지 않는 것이다.

칸트는 "보편적으로 법이 지배하는 시민적 사회의 실현"을 인류가 해결해야 할 가장 큰 문제로 보았지만,[15] 그리고 이런 정치적 구상은 '영구 평화론'을 거쳐 '국제연맹(Völkerbund)'이라는 이념으로 이어지지만, 이 같은 이상적 질서가 쉽게 실현되리라고 그는 낙관하지 않았다. "반사회적 사회성(unsellige Geselligkeit)"이라는 말에서 나타나듯이,[16] 인간의 본성은 한편으로 사람과 어울리며 사회를 잘 만들어가려고 하면서도, 다른 한편으로 이 사회로부터 벗어나, 아무런 방해도 받지 않은 채, 독자적으로 살아가려고 한다. 이 모순된 두 경향으로부터 사람 사이의 갈등이나 사회적 불화는 불가피하다.

특이한 점은 칸트가 이러한 대립적 상호 관계를 반드시 나쁘게 보지 않는다는 사실이다. 갈등과 경쟁과 자극을 통해 인간은 자신의 타고난 능력을 조금씩 일깨워가기 때문이다. 재능의 계발이나 취미의 형성도 사회화와 개별화 사이의 상충 과정에서 생겨난다. 그것은 또 자연적 감정이 전체적으로 도덕화해 가는 문화화의 과정이기도 하다. 이때 문화화 과정이란, 그것이 심신을 다스리고 영육을 키우며 성숙시켜 간다는 점에서, 교양화와 교육화의 과정이기도 하다. 그래서 그는 적는다. "불화나 악의적 경쟁심, 만족할 줄 모르는 소유욕과 지배욕의 본성에 감사할지어다. 이것들이 없다면, 인간성 속에 있는 모든 뛰어난 자연적 소질이 영원히 계발되지 못한 채 잠들었을 것이니까."[17]

칸트는 인간 사회에서의 불화나 갈등을 적대시하지 않았다. 뿐만 아니라 그것의 긍정적 작용의 가능성까지 그는 고려하였다. 그러면서도 인간의 삶은 우연의 맹목적 지배 아래 야만적 상태를 반복할 지도 모른다. 이 점에 칸트의 생각은 닿아 있지 않았나 여겨진다. 다음 구절은 그런 생각을 보인다.

(…) 인간의 이 모든 작용과 반작용으로부터 크게 보아 도처에서 그 어떤 것도, 적어도 어떤 현명한 것도 나오지 않으리라는 것을, 모든 것은 이전과 마찬가지로 되어 가리라는 것을 사람은 바라지 않는가? 그 때문에 우리가 아무리 예의 바른 상태에 있다고 해도, 아마도 이 상태 자체와 문화에서 있었던 지금까지의 모든 진보를 야만적 황폐화로 인해 다시 철폐시킴으로써, 인간 종에 그토록 자연스러운 이 불화가 결국 우리에게는 사악함의 지옥을 가져다 줄 것이라고 미리 말할 수 있지 않을까?[18]

위의 칸트 글에는 미래에 대한 암울한 예언이 들어 있다. 그것은 매우 비관적이어서 묵시록적 전언처럼 들린다. 인간 현실에서는 이런저런 작용과 반작용에도 불구하고 "어떤 현명한 것도 나오지 않으리라는 것"을, 그래서 "모든 것은 이전과 마찬가지로 되어 가리라는 것"을 그는 경고하듯이 적고 있다. 그리하여 이 무의미한 정체(停滯)는 "문화에서 있었던 지금까지의 모든 진보를 야만적 황폐화를 통해 다시 철폐시킴으로써" "사악함의 지옥(eine Hölle von Übeln)"을 초래할 수도 있다. 20세기 일어났던 나치즘의 대학살은 바로 이 지옥 같은 사악함 — 인류의 모든 지적 문화적 진보를 물거품으로 만들어버린 문명적 야만에 대한 뼈아픈 이름이었다.

이 글에서 나는 20세기 문명의 파국을 예견하는 칸트의 통찰을 읽는다. 그런 점에서 그의 「세계 시민적 관점에서 본 보편사의 이념」은 아도르노와 호르크하이머가 『계몽의 변증법』에서 희구한 어떤 이념의 일부를, 적어도 소략적 형식으로나마, 선취하고 있다고 말할 수 있을 지도 모른다. 그러나 다른 한편으로 칸트의 세계 시민적 구상은 좀더 구체화되지 않으면 안된다. 말하자면 그것은 개념적 차원에서가 아니라 실천적 차원에서 다뤄지고, 국가적 집단적 차원이 아니라 개인적 경험적 차원에서 더 논의되어야 한다. 그의 「계몽이란 무엇인가?」는 바로 이런 문제의식을 담은 중대한 문헌이다.

"스스로 생각하기"

칸트의 짧은 글인 「계몽이란 무엇인가?」에서도 언급되는 사항은 많다. 이 글은 먼저 '계몽이란 무엇인가'에서부터 시작하여, '이성의 공적 사용과 사적(私的) 사용'은 어떻게 구분되는지, 또 동시대 현실이 '계몽된 시대'인지 아니면 '계몽의 시대'인지를 묻고, 자유와 복종의 역설적 상호 관계에 대해서도 언급한다. 그러나 이 모든 것을 관통하는 하나의 열쇠어가 있다면, 그것은 "스스로 생각하기(selbst zu denken)", 혹은 "스스로 생각하는 사람(Selbstdenkende)"일 것이다. 「계몽이란 무엇인가?」의 첫 대목은 널리 알려진 부분이지만, 그 중요성을 감안하여 다시 살펴보자.

계몽이란 스스로 책임져야 할 미성숙으로부터 인간이 벗어나는 일이다. 미성숙이란 다른 사람의 지도 없이 자기 자신의 지성을 사용할 수 없는 상태다. 이 미성년 상태는, 그 원인이 지성의 결핍에 있는 것이 아니라 다른 사람의 지도 없이 자기 자신의 지성을 사용할 수 있는 결단과 용기의 결핍에 있다면, 스스로 책임지는 것이다. 그러므로 과감히 알려고 하라(Sapere aude)! 너 자신의 지성을 사용할 용기를 가져라! 이것이 계몽의 표어다.

대부분의 사람들이 낯선 사람들의 지도를 벗어났음에도 불구하고 일평생 동안 기꺼이 미성년 상태로 머무르는 이유는, 그래서 다른 사람들이 그의 후원자로 되는 이유는 게으름과 비겁함 때문이다. 미성년으로 지내는 것은 편안하다. 나 대신 지성을 가진 책이 있고, 나 대신 양심을 가진 목사가 있으며, 나 대신 음식을 판단해줄 의사 등이 있다면, 나는 스스로 애쓸 필요가 없다. 돈을 지불할 수만 있다면, 나는 생각할 필요가 없다. 다른 사람들이 그 골치 아픈 일을 이미 나 대신 떠맡을 것이기 때문이다.[19]

1784년 9월 30일에 나온 칸트의 이 글은 정확히 234년 뒤인 오늘날에 읽어보아도 흥미로운 것이 아닐 수 없다. 계몽의 길 — 스스로 생각하는 일은, 칸트가 말하듯이, "골치 아픈" 일이다. 그것은, 내게 책(지성)이나 목사(양심)나 아니면 음식(의사)만 있으면, 그래서 그에 대해 '돈만 지불할 수 있다면', 안 가져도 되는 편안한 것이다.

칸트는 계몽이란 것이 자기 이성을 사용하는 일이고, 자기 이성을 사용하는 계몽의 이 같은 중요성을 잘 알고 있었다. 하지만 그렇다고 그는 계몽을 무조건 내세우지 않는다. 그는 놀고먹는 일의 편안함도 지적한다. "미성년으로 지내는 것은 편안하다." 생각하지 않은 채, 그저 매일매일 놀고먹는 일만큼 속 편하고 기분 좋은 일이 또 어디 있는가? 그러나 그것은 과연 바람직한 일인가? 그것이 속 편할 수는 있다. 하지만 그것은, 칸트가 지적하듯이, 자신이 '게으르고 비겁하기' 때문이기도 하다. 스스로 생각하지 않는 것은, 그래서 자기 이성을 자발적으로 사용하지 않는 것은 게으름과 비겁함 때문이다. 이 게으름과 비겁함은, 그에 의하면, "자기 자신의 지성을 사용할 수 있는 결단과 용기"가 부족한 데서 온다.

여기에서 강조되어야 할 것은 "결단과 용기"일 것이다. 즉 자기의 지성을 사용하겠다는 결단과 용기다. 계몽의 정신에서 필요한 것은 이 개인적 실존적 사안이다. 스스로 생각하는 일이야말로, 스스로 생각하겠다고 결단하는 일이야말로 이성을 사용하는 일이기 때문이다. 이런 점에서 계몽주의의 강령은, 포스트모더니스트들이 주장하듯이 이른바 '거대 서사'가 결코 아니다. 오히려 매우 구체적이다. 이 구체적 결단으로부터 인간은 낯선 사람들의 감시와 감독, 불필요한 관리와 지도로부터 벗어나 마침내 독립적 삶을 살아가기 시작할 수 있다. 그리하여 그는 자유롭고 이성적인 개인이면서, 동시에 그런 개인들로 구성된 합리적 사회 공동체 속에서 상호 존중 아래 살아갈 수 있을 것이다.

계몽주의의 프로젝트는, 최대한으로 줄인다면, 결국, '자율적 인간의 자발적 이성 사용'에 있다. 또 이렇게 사용할 수 있다면, 그는 칸트적 의미에서 '성숙하다'고 말할 수 있다. 즉 근대적이다. 거꾸로 이성을 사용하지 못한다면, 그는 그만큼 종속되어 있고, 부자유하다는 것을 보여준다. 감시는 감시당하는 사람이나 감시하는 사람이나 그 모두를 부자유스럽게 만들지 않는가? 이것은 마치 억압이 억압하는 사람이나 억압당하는 사람을 모두 불행하게 만드는 것과 같다. 여하한의 억압과 감시로부터의 해방은, 좀더 넓은 지성사적 정신사적 맥락에서 보면, '미성숙'으로부터 벗어나 근대의 계몽적 인간으로, 그래서 자유시민으로 당당하게 살아갈 수 있는 조건이다. 인간이 동물과 다른 점이 이성의 사용에 있다면, 이 이성을 행사하는 일은 인간의 인간됨을 실천하는 일이다. 이성의 길은 곧 인간성으로 나아가는 길이다.

그러므로 인간은 스스로 자유롭기 위해 먼저 결단해야 한다. 자유는 저절로 오는 것이 아니라 스스로 규정하고 결정하는 데서 온다. 그러나 이 결정보다 더 중요한 것은 결정에 대한 책임일 것이다. 이것은 거듭 강조될 만해 보인다. 자유의 결정은, 바로 이 책임의

자유의 결정은
책임의 무거움
때문에 단순한
자유의 '행사'
가 아니라 자
유의 '감행'이
된다

무거움 때문에 단순히 자유의 '행사'가 아니라 '감행'
이 된다. 삶의 자유는 자신의 책임을 '스스로 떠맡는'
부담을 회피하지 않는 데서 시작되기 때문이다.

혁명보다 어려운 '사고 개혁'

한걸음 물러나자.

계몽의 길 ― 자기 스스로 사고하고 책임지는 일은
언제나 어렵다. 자기사고로부터 자유가 생겨나고, 자
유에의 이 길이 인간성으로의 길이라고 한다면, 스스
로 생각하는 일이 어렵듯이 자유의 길도 어렵다. 좀더
나은 삶의 길은 이전이나 지금이나 변함없이 어려운
것이다. 이 점을 칸트는 분명히 직시한다. "자기 자신
의 정신을 단련하여 미성년 상태로부터 벗어나서, 그
럼에도 불구하고 어떤 확고한 길을 가는 데 성공하는
사람은 몇 되지 않는다."[20] 칸트의 불신은 여기에 그
치지 않는다. 그는 이렇게 쓴다.

개인적 독재와 탐욕스럽거나 폭군적인 억압을 무너뜨
리는 것은 아마도 혁명으로 가능하겠지만, 그러나 사
고방식의 참된 개혁은 결코 이뤄지지 않을 것이다. 오
히려 새로운 편견이, 마치 오래된 편견과 마찬가지로,

생각 없는 거대한 무리의 지침으로 봉사할 것이다.[21]

칸트는 예리하다. 그는 결코 현실을 미화하지 않는다. 위의 칸트 진술에서 핵심은 두 가지다. 첫째, 혁명이 "독재"나 "억압"을 "무너뜨릴" 수는 있으나, 그렇다고 그것으로 "사고방식의 참된 개혁(wahre Reform der Denkungsart)"은 이뤄지지 않는다. 둘째, 그렇다면 편견이 지나간 뒤에 진실이 나타나는 것이 아니라, "새로운 편견이, 마치 오래된 편견과 마찬가지로, 생각 없는 거대한 무리의 지침으로 봉사"하리라는 것이다. 이것은 무서운 지적이 아닐 수 없다. 이러한 언급은 앞서 언급했던 역사의 악순환 ─ "사악함의 지옥"을 다시 생각하게 한다.

그렇다면 필요한 것은 무엇인가? 칸트는 계몽의 근대적 경로가 쉽지 않다는 것을 분명하게 인식하고 있었던 것 같다. 그는 「세계 시민적 관점에서 본 보편사의 이념」의 끝 무렵에 "사고방식의 내적 교육을 위하여 천천히 노력하는 일(die langsame Bemühung der inneren Bildung der Denkungsart)", 혹은 "자기 시민을 교육시키기 위한 모든 공적 단체의 장기적이고 내적인 작업(eine lange innere Bearbeitung jedes

i) **오랫동안**
ii) **내적으로**
iii) **천천히**

gemeinen Wesens zur Bildung seiner Bürger)"을[22] 강조한다. 여기에서 되새겨야 할 점은 첫째, 시민 교육이 "오랫동안", 그리고 "내적으로" 그리고 "천천히" 이뤄져야 한다는 사실이다. 계몽의 과제는 결코 단박에 완결될 수 없기 때문이다. 또 그것은 강제적으로 주입될 수도 없다. 계몽을 위한 시민 교육은 외적 자극도 필요로 하지만, 그보다는 내적 절실함에 의해 당사자 스스로 원하는 것이어야 하고, 나아가 장기간에 걸쳐 천천히 이뤄져야 한다. 둘째, 이러한 교육의 대상은 "사고방식"이다. 그리고 그 교육의 주체는, 셋째, "공적 기관"이다.

이때 '공적 기관'과 '내적' 교육의 방식은 상충할 수 있다. 아마도 사고방식의 이 같은 개선에서 공적 기관이 개입하되, 그 개선이 이뤄지는 것은 개개인의 자발적 동의에 의해서라는 점을 강조하기 위해 '내적'이라는 말이 쓰였을 것이다. 참으로 깊은 의미의 선의는 오직 개개인의 내적 자발적 동의 속에서(첫째) 오랫동안 연마하는 가운데(둘째), 거듭되는 "시도, 연습 그리고 수업" 속에서(셋째) 비로소 육화할 것이기 때문이다.[23]

이런 식으로 자기사고의 결단과 자기규정을 통한

자유의 길을 개척하고 인간성의 삶을 지향하는 것을 칸트는 인류의 신성한 권리로 보았다. 그는 계몽의 정신을 단념하고, 이성의 사용을 포기하는 것을 인권을 유린하는 일, 그래서 인간됨을 포기하고 동물의 차원으로 전락하는 것이라고 간주하였다. 인간은, 그가 보기에, 이성적 윤리적 존재이고, 그래서 마땅히 본능적 충동적 존재 그 이상이어야 하기 때문이다. 인간에게 동물적 본능이 없지 않지만, 그래서 부지불식간 충동과 욕망에 휩쓸리기도 하지만, 그러나 그럼에도 그는 악의와 소유욕을 넘어설 수 있는 존재고, 또 그런 존재여야 한다. 이렇게 악의와 소유욕을 넘어설 뿐만 아니라, 불화와 지배가 없는 세상 — 세계 시민적 평화의 정의로운 공동체로 나아갈 수 있어야 한다. 그것이 인간에게 주어진 최대의 과제라고 칸트는 여겼다. 그러면서도 그는, 되풀이하건대, 그런 삶의 질서가 쉽게 실현되지 못하리라는 현실도 동시에 직시했다.

어쩌면 많은 좋은 것은, 언제나 그러하듯이, "그저 아주 늦게, 수많은 헛된 시도 끝에서야"[24] 겨우 이뤄질 지도 모른다. 그래서 칸트는 썼다. "도덕적으로 선한 사고에 이어지지 않은 모든 좋은 것은 헛된 가상이자 번지르르한 비참 외에 아무것도 아니다."[25] 그러니 변함없이 중요한 것은 다시 '시도와 연습 그리고 수업'이라고 해야 할 것이다. 부단한 경계와 주의 속에서 부단히 연습하는 것만이 '너무 늦게 현명해지는' 인류사적 반복과 지체의 회한을 줄일 수 있을 것이다.

그렇다면 칸트의 이 같은 계몽주의 철학적 유산은 어떻게 현대적으로 계승될 수 있을까? 소크라테스로부터 시작하여 르네상스의 자기인식을 지나 근대의 칸트에 이르기까지 자기비판과 자기변형의 윤리적 요청은 현대의 역사 경험 속에서 어떤 재해석을 낳았는가? 이 대목에서 우리는 아도르노가 호르크하이머와 같이 쓴 『계몽의 변증법』이라는 저작과 만난다. 아래 글은 이 책에 대한 비판적 재검토라고 할 수 있다. 그 주된 물음은 "계몽의 탈계몽화" — 18세기 계몽주의의 역사적 유산을 어떻게 오늘날의 시각에서 여전히 적실하고 타당한 것으로 재구성할 수 있는가이다.

II. 계몽의 탈계몽화 – 현대적 재검토

개념이 계몽 앞에서는, 마치 연금생활자가 대기업 앞에서처럼, 있다.
그 누구도 안전하다고 느껴선 안 되는 것이다.

아도르노/호르크하이머, 『계몽의 변증법』(1947)

계몽의 탈계몽화 ─ 현대적 재검토

아도르노 사상의 바탕에는 제2차 세계대전에서의 통절한 경험이 자리하고, 그 경험의 중심에는 나치의 유대인 대학살이 있다. 전후 독일의 복고적 분위기 속에서 그가 보여준 활동의 영역은 다채로웠다. 그것은 대학 강의나 저술 출간에만 한정되는 것이 아니었다. 그는 대학 수업이나 공개 강연뿐만 아니라 라디오 방송이나 각종 학회에서의 이런저런 발표를 통해 자신에게 주어진 바 ─ 공적 지식인으로서의 비판적 역할을 충실하게 수행해나갔다. 그의 공적 참여와 실천의 양식은 1950년대를 지나면서 이미 사회학과 철학, 문학과 미학, 음악과 교육 그리고 문화 등 학문의 여러 경계를 훨씬 뛰어넘을 만큼 광범위한 것이었다. 그 점에서 그는 '전혀 새로운 유형의 보편지식인'이었다.

아도르노는 사회학자이자 철학자로서, 또 문학 비
평가이자 음악 작곡가로서 부정적 사유와 비판적 성
찰을 통해, 그리고 계몽적 사회과학의 정립을 통해,
나아가 대중문화 분석과 시대 진단을 통해 일정한 현
실 개입을 일평생 계속해 나갔다. 이 때문에 전후 독
일 사회에서 그가 가진 학문적 영향력은 유례없는 것
이었다. 가령 그의 「성숙성으로의 교육(Erziehung zur
Mündigkeit)」(1970)은 1960년대 독일의 학교 개혁에
서 중요한 자극제가 되기도 했다. 2차 대전 후 독일
사회가 나치즘의 정치 역사적 폐허로부터 이전과는
다른 새로운 모습의 정신 문화를 구비하게 된 데에는,
하버마스를 포함하는 프랑크푸르트 학파의 비판이론
과 더불어, 아도르노의 영향이 크게 자리할 것이다.
(하버마스는 아도르노의 조교이기도 하였다.)

아도르노가 보여주듯이, 지식인은 사회 속에 자리
하면서도, 그러나 이 사회의 기존 질서에 포박된 것이
아니라 그 질서의 밖에서 자리한다. 그는 사회의 안과
그 밖 '사이에서', 말하자면 이 두 축 사이를 오가면서
보다 나은 삶의 이성적 가능성을 탐구한다. 이 점에서
지식인의 사회적 위치는 이율배반적이라고 할 수 있

다. 그는 사회의 일부이면서 동시에 그 밖에 서야 하기 때문이다. 지식인은 이렇게 애매하게 선 변두리적 인간임에도 불구하고 탈영토화된 존재로서 이성적 사회의 구성가능성을 모색해 나간다.

　아도르노의 문화산업론이나 대중 사회 비판도 나치즘이 초래한 문명적 파국 상태와, 이 파국에도 불구하고 전후 독일 사회가 보여준 과거 망각의 무책임성에 대한 뼈저린 성찰을 담고 있다. 그의 비판이론을 구성하는 주요 개념들 — '사물화'나 '대중 기만', '이율배반'이나 '현혹연관항', 혹은 '관리되는 사회'나 '동일성' 같은 핵심적 열쇠어는 바로 이런 사회 역사적 경험과의 철저한 이론적 대결로부터 갈무리된 것이다.[26] 이 같은 현실 비판을 서구 계몽주의 사고의 전통과 관련하여 전개한 책이 바로 아도르노가 호르크하이머와 같이 쓴 『계몽의 변증법』이다. 그것은 '계몽의 반계몽화'라는 극단화된 사회 비판의 암울한 내용을 역사철학적이고 문명 비판적인 관점에서 서술한다. 아도르노는 사회학도 근본적으로 '계몽'의 작업으로 간주하였고, 주체에 집중하여 이 주체의 자의식을 강화하는 것이 그 주된 과제의 하나로 여겼다. 이 저작은 아도르노의 사회 비판철학이 가지는 역사적 중대성을 보여줄 뿐만 아니라, 그의 미학을 지탱하는 경험적 현실적 토대를 잘 보여준다.

그러므로 아도르노의 문제의식을 현실 경험적 토대와 역사적 맥락 없이 논의하는 것은 공허하다. 핵심은, 다시 한마디로 줄이면, '예술과 철학의 비판적 잠재력'이라고 말할 수 있을 것이다. 이 잠재력에 대한 아도르노의 탐구방식은, 다른 주요 개념이 그러하듯이, 매우 복잡하게 펼쳐진다. 이것을 나는, 최대한으로 요약하여, 두 단계로 소개하고자 한다. 이것은 두 개의 물음으로 바꿔 볼 수 있다. 첫 물음은 오늘날의 야만 상태로 빠진 이유는 무엇인가이고, 두 번째 물음은 그렇다면 우리는 무엇을 해야 하는가이다.

"왜 새로운 종류의 야만 상태로 빠졌는가?"

　　『계몽의 변증법』을 끌고 가는 주된 질문은, 줄이고 줄이면, 결국 하나라고 할 수 있다. 그것은 현대에 와서 학문과 문화가 보여준 저 눈부신 업적이 왜 나치즘 같은 역사의 전례 없는 파국을 초래하게 되었는가, 그럼으로써 그것이 실패하게 되었는가다.『계몽의 변증법』앞부분에서 아도르노는 분명히 쓴다. "우리가 설정한 문제는 왜 인류가 진정으로 인간적 상태에 들어서는 것이 아니라, 새로운 종류의 야만성으로 빠졌는가라는 인식 외에 다른 것이 아니었다."[27] 이러한 질문에 답하기 위해 그는 관련되는 몇 가지 분과 학문들, 이를테면 철학이나 문학뿐만 아니라 사회학과 심리학도 끌어들인다.

어떻게 나치즘은 등장하게 되었는가? 나치즘 현실 앞에서 학문은 무엇을 했고, 사상이나 언어는 어떤 역할을 했으며, 교육 제도나 시민 문화는 어떻게 작동했는가? 왜 사상은 비판적 기능을 상실하고, 언어는 상품을 위한 선전이 되었으며, 이론은 그저 순응의 수단으로서 기성 질서에 봉사하게 되었는가? 그럼으로써 자발적 자기검열 속에서 결국 저항의 방식을 포기하게 되었는가? 스스로 도구화하는 학문은, 마치 사상이나 언어가 그러하듯이, 원래의 목적을 잊는다. 그래서 목표로 겨냥하던 이데올로기를 비판하는 것이 아니라, 이 이데올로기와 똑같이 변질되어버린다. 이렇게 하여 학문과 사상, 언어와 문화는 철저히 도구화되면서 정치적 광기에 길을 열어준다. 그래서 휴머니즘 전문가는 '강철 같은 파시스트'와 구분되기 어려워진다.

여기에서 도구화는 생활의 차원에서 '수단화'나 '실용화' 혹은 '획일화'나 '이데올로기화'와 연결되고, 속성적/성격적 차원에서는 경직과 위선으로 나타나며, 행동의 차원에서는 '저항'과 '비판'의 박탈과 이어진다. 유용하거나 수치화할 수 없는 것은 의심스럽게 여겨지기 때문이다. 그렇다는 것은 현실이 그만큼 '동질성의 원리' 아래에서 재단된다는 뜻이고, '등가 원칙'

에 의해 지배된다는 뜻이다. 근대를 대표하는 경험주의적 합리주의적 세계관은, 그것이 베이컨(F. Bacon)의 보편 과학(Una scientia universalis)이든, 라이프니츠(Leibniz)의 보편 수학(Mathesis universalis)이든, 대체로 그렇다고 할 수 있다. 그것은 주체의 이성을 자연에 투사(投射)한 후 이렇게 일원론적으로 파악할 수 없는 것은, 차이든 구별이든 불연속이나 이질성이든, 모두 억압하거나 배제해버린다.

그러나 근대의 문제의식을 이렇게만 평가한다면, 그것은 물론 단순화한 것이라고 말하지 않을 수 없다. 예를 들어 베이컨이 '4대 우상'으로 "종족"과 "동굴"과 "시장"과 "극장"을 거론했을 때, 우리는 이 맹목의 감옥으로부터 해방되었는가? 현대 자본주의 사회가 양적 성장주의에 의해 추동되고 그 문화가 물신화했다면, 우리는 이 베이컨적 우상에 오늘날에도 포박되어 있다고 해야 하지 않는가? 그런 점에서 베이컨의 어떤 지적은 여전히 유효한 것이라고 할 수 있다. 하지만 또 다른 관점에서 근대의 시민 사회나 실증주의가 이 등가 원칙과 동일성의 원리 아래 움직여온 것도 분명한 사실이다. 근대적 사고는 명백한 논리적 연관성 아래 움직였고, 이 형식적 논리학이 상정하는 계산가능성의 원칙을 벗어나는 것들 — '결합될 수 없는 것(das Unverbindbare)'이나 '공약 불가능한 것(das Inkommensurable)'은 철저하게 외면되었기 때문이다.

'결합될 수 없는 것'이나 '공약 불가능한 것'이란, 간단히 말해, 기성의 논리와는 같지 않은 것이다. 근대의 정신은, 되풀이하건대, 동일성을 지향한다고 할 수 있다. 근대의 정신을 추동하는 것은 동일성의 원리다. 이때 지배 질서와는 다른 생각이나 형상, 사건이나 견해는 모두 없는 것으로 간주된다. 이런 이유로 저항과 비판의 가능성은 점차 줄어든다. 저항과 비판의 박탈은 그만큼 무기력의 증대와 조종가능성의 확대를 뜻하기 때문이다. 이렇게 인간은 이런저런 식으로 강제된다. 삶의 도구화란 인간의 사물화이고 타율화다. 대상에 대해, 그리고 자기 자신에 대해 인간이 낯설어지는 것은 이런 이유에서다. 그것이 곧 소외다. 인간은 '질(質)'로서의 성격을 상실하면서 '양(量)'으로, 그래서 한낱 '물건'이나 '소재'로 격하된다. 이것은 상품에서 가장 잘 나타난다. 그러므로 사물화란 상품화이고, 상품화는 소외화와 다르지 않다.

계산가능성의 원칙을 벗어나는 것들은 철저하게 외면한 근대적 사고 혹은 동일성의 사유

계몽의 자기파괴

계몽이란 원래 인간이 자연의 공포로부터 벗어나기 위해 이성을 사용하는 데서 시작되었다. 이성의 사용을 통해 그는 신화적 세계관을 해체하고, 미신을 다스리면서 자연을 지배하고자 했다. 이때 작동하는 것이 동일성의 원칙이다. 근대는 동일성의 원칙 아래 움직인다. 그것은 동일하지 않는 것을 배제하고 억압하면서 구성되고 유지되는 까닭이다. 그러나 이러한 원칙은 적잖은 문제를 노출한다. 그리하여 근대의 계몽은 신화를 파괴하면서 신화를 극복하기보다는 또 다른 형태의 신화화로 귀결되어 버린다. 그렇다면 이것은 '계몽의 탈신화화'가 아니라 '계몽의 재신화화'다. 이런 사실은, 신화에 대한 고대적 종속이든, 이 신화에 대한 근대적 파괴의 시도이든, 이 모든 시도가 신화의 항구적 메커니즘 속에서 공(空)회전하게 되었음을 착잡하게 보여준다.

그리하여 근대의 동일성원리는 계몽의 역할을 수행하면서 신화로부터 점차 벗어나는 것이 아니라 점점 더 신화 속으로, 그래서 신화의 속박 속으로 빠져든다. 신화의 굴레와 그 부자유를 파괴시키는 것이 아니라, 오히려 악순환 속에서 반복되면서 스스로를 파괴하고 만 것이다. 이것은 '동일성의 원칙이 동일화되어 버린' 것을 뜻한다. 그 결과는 계몽을 통한 '인간의 자연지배'가 아니라, 놀랍게도 '인간에 대한 인간의 지배'다. 이것을 아도르노와 호르크하이머는 '신화와 계몽의 변증법'이라고 부른다.

계몽이 자기파괴를 일삼는다는 것은 계몽이 내세우는 '발전'이 진보로서가 아니라 '퇴행'으로 귀착되었음을 뜻한다. 계몽의 이성이 삶의 해방을 가져다준 것이 아니라, 또 다른 이데올로기로 변질되어버린 것이다. 계몽의 정신은 계몽의 이데올로기로 퇴보하였다. 이 이데올로기는 속박을 초래한다. 그것은 생산적이기보다는 파괴적이다. 이데올로기적 이성은 또 다른 속박의 이름이다. 그리하여 계몽된 문명은 자기파괴적 이성 아래 야만 상태와 크게 다르지 않다. 이것이 근대의 계몽적 이성이 지나온 역설적 경로다. 이 경로를 특징짓는 것은 모순이고 이율배반이며 아포리아다. 아도르노와 호르크하이머는 쓴다. "자연을 파괴하면서 자연의 강제를 부수려는 모든 시도는 단지 자연의 강제 속에 더 깊게 빠져들 뿐이다. 이것이 유럽 문명이 지나온 경로다."[28]

근대 이성이 보여주는 이러한 자가당착은, 그것이

유럽의 문명을 추동한 원리인 만큼, 삶의 모든 영역에 스며들어 있다. 계몽적 근대 이성이 인식론적 차원에서 나타난 것이 '동일성의 원리'라고 한다면, 생활 세계에서 나타난 것은 '획일화'가 될 것이고, 그것이 경제적 원리로 나타난 것이 '등가 원칙' 혹은 '교환 원리'라면, 사회병리학적 차원에서 나타난 것은 '소외 현상'이 될 것이다. 또 근대적 획일화가 나타난 집단의 이름은 '익명의 대중'이 될 것이고, 문화적으로 나타난 현상은 '문화산업' 혹은 '대중문화'가 될 것이며, 이 획일화를 추동한 학문적 사상적 조류는 '실증주의'가 될 것이다. (아도르노는 실증주의의 폐해를 지속적으로 비판했다.) 나아가 파시즘은 동일성의 지배 원리가 제도화된 정치 형태가 될 것이다.

어떤 것이든 이 모든 동일성의 원리는 또 다른 의미의 속박과 강제, 부자유와 추상화를 초래하였다. 그리하여 사회의 갈등과 개인의 불안은 역사의 경과에도 불구하고 줄어들지 않는다. 삶의 또 다른 신화화는 불가피해 보인다. 원시 세계의 신화적 가부장적 세계는 극복된 것이 아니라, 또 다른 방식으로, 그러나 이전과는 다르게, 어쩌면 더욱 심각하게 되풀이되고 만 것이다. 그런데 이런 소외 과정은 근대에서만 나타나는 것이 아니다. 그것은 오히려, 아도르노와 호르크하이머의 분석에 따르면, 태곳적부터 시작되었다. 다시 말해 인간이 자연의 공포 앞에서 살아남기 위해 자기 생명을 보전하던 원시 사회에 이미 나타난 것이었다. 이것을 두 사람은, 서구 문명을 대변하는 '계몽의 변증법'에 대한 최초의 알레고리적 사례로서 호메로스의 『오디세이』를 끌어와서, 해명해 보인다.

'양서류'의 경험 세계

오디세우스의 모험들은 원래 전통 설화로 구전되어 오던 것이었는데, 이것을 호메로스가 자기 나름으로 구성한 것이 작품 『오디세이』다. 아도르노와 호르크하이머는 이 작품에 나오는 여러 이야기 가운데 무엇보다도 세이렌 삽화에 주목한다. 이들은 '자기유지'의 노력이 덕의 제1기초라는 스피노자의 『윤리학』에 근거하여, 이 자기유지의 원칙이 근대의 분업 과정에서 어떻게 소외로 나타나는지를 예증한다. 여기에서 핵심은 '계몽의 이중성' 혹은 '계몽의 자기기만'이다. 이 자기기만의 과정에는 신화와 지배, 노동과 예술이 서로 얽혀 있다. 좀더 구체적으로 들여다보자.

오디세우스는 배를 타고 트로이로부터 이타카로 돌

아가는 귀향길에서 요정 세이렌과 만난다. 이 세이렌 소리는 듣는 일은 즐겁다. 그것은 과거에 일어난 모든 일을 들려주기 때문이다. 하지만 대가도 있다. 세이렌의 노래를 들은 자는 그로부터 빠져나갈 수 없기 때문이다. 그래서 결국 고향에도 갈 수 없다. 이 같은 유혹 앞에서 오디세우스는 결단한다. 그는 배를 젓는 사공들에게 귀를 밀랍으로 봉한 채 온 힘으로 노를 저어가라고 명령한다. 그 대신 자기는, 돛대에 몸을 묶은 채, 세이렌 소리를 듣는다. 노사관계라는 측면에서 보면, 오디세우스는 '자본가'에 가깝고, 선원들은 노예에 가깝다. 그는 일을 시키고, 사공들은 노를 젓기 때문이다. 그는 세이렌의 노래를 듣지만 노 젓는 일은 하지 않는다. 반면에 선원들은 노래의 위험만 알지 그 즐거움은 누리지 못한다.

오디세우스의 목적은 귀향이고, 이 귀향을 위해 그는 자기를 지킨다. 이런 목적을 이루기 위해 그는 매 순간 자기를 다잡아야 한다. 그는 기나긴 모험의 여정에서 자칫하면 속임수에 넘어갈 수도 있고, 그러면 궤도에서 이탈할 것이기 때문이다. 여기에서 보듯이, 노동 분업은 인류사의 초기에서도 없지 않았다. 선원들은 노를 젓느라고 노래 듣는 즐거움은 누릴 수 없고,

그들의 몸과 영혼은 노 젓기에 속박되어 있다. 노동은 노래를 즐기려는 본능을 억압하는 가운데 주인의 명령에 따라 이뤄지는 것이다.

세이렌 삽화에서 핵심은 오디세우스의 이중적 모습 ― "자기를 유지하기 위해 자기 자신을 버리는" 역설적 모습이다.[29] 그것은, 거꾸로 보면, 자기동일성의 부정 속에서 자기 삶을 구하는 일이다. 이때 생겨나는 것이 동일화 원칙이다. 동일화 과정이란, 다시 되풀이하여, 주체가 일관성을 근거로 개념의 위계질서를 수립하면서 인식을 체계화해가는 과정이다. 그래서 일정한 원리 아래 다른 일체를 포섭해간다. 이때 그것은 이중적으로 작동한다. 그것은 주체가 다른 사람과 외부 자연을 지배할 때도 적용되지만, 자기본성을 지배할 때도 나타난다. 물리적 자연의 지배뿐만 아니라 내면적 본성에 대한 지배까지 동일적으로 강제함으로써 동일성원리의 비합리성은, 이 비합리성의 강압적 관계망은 더욱 번창한다.

이때 자기유지와 자기파괴는, 마치 합리성이 불합리성과 어울리듯이, 구분하기 어려울 정도로 겹쳐진다. 이 점에서 예술 향유와 노동이 갈라지고, 끊임없는 진보란 끊임없는 퇴행과 다르지 않다고 아도르노

스스로 생각하기의 전통

는 비판한다. 이 역설은, 이를테면 나치 시대 상류층이 파시즘 권력을 얻기 위해 자기를 유지하려고 애쓰듯이, 개인들은 불의에 순응하기 위해 자기를 유지하려 하는 데서도 변주된다. 더 흥미로운 사실은 주체의 이 같은 비합리적 자기지배가 더 넓은 차원 — 자본주의 체제의 합리성에서도 나타난다는 점이다.

> 전체주의적 자본주의의 반(反)이성은 — 욕구를 충족시키는 자본주의의 기술은 지배에 의해 결정된 대상화된 형상 속에서 욕구의 충족을 불가능하게 만듦으로써 인류를 절멸시키는 데로 나아가는데 — 자신을 희생시킴으로써 희생을 모면하는 영웅의 모습에서 원형을 보여준다. 문명의 역사는 희생이 내향화된 역사다. 다른 말로 체념의 역사다.[30]

자신을 희생시킴으로써 희생을 모면하는 오디세우스의 이중적 모습

역설의 폐해는 인간의 자기유지에서와 마찬가지로 생활체제에서도 되풀이된다. 주체의 자기영위와 사회의 체제 사이에는 구조적 상동관계가 있다. 이 상동관계에서 핵심은 "희생"이다. 주체가 살아남기 위해 자기를 희생시켜야 하듯이, 욕구의 충족은 이 충족의 불가능성을 전제해야 한다. 그리하여 희생의 고통은 끊이지 않는다.

이 동일성의 폭력적 매커니즘이 문명만큼이나 오래
되었다고 호르크하이머와 아도르노는 진단한다. 그것
의 경제적 모델이 자본주의 체제라면, 파시즘은 그 정
치 체제가 될 것이다. 이 둘은, 그 대상이 인간이든 사
물이든, 스스로 설정한 원리 아래 대상을 무자비하게
일원화시킨다는 점에서, 다르지 않다. 그리하여 비동
일적이고 이질적이며 예외적인 것은 절대적 통합의
기치 아래 철저히 말살된다. 아도르노는 아우슈비츠
의 대학살도 '비동일자의 말살'로 이해하였다. 개인은
수용소에서 하나의 고유한 존재로서가 아니라, 표준
화된 모형 ─ '하나의 본보기'로 평가되기 때문이다.

각 존재의 절대적 예외를 무시하고 차이를 부정하
는 편집증적 초(超)일관성이란 무서운 광기에 다름 아
니다. 편집증적 사고는 분열을 견디지 못하고, 모순을
허용하지 않는다. 그것은 어설픈 교양인의 징후이기
도 하다. 그리하여 문명의 역사는 "체념의 역사"가 된
다. 이 기만의 사회구조는 피하기 어려운가? 불평등
하고 불공정한 교환은 극복되기 어려운 것인가? 여기
에 대해서는 쉽게 대답하기 어렵다.

어쩌면 인간의 현실은 희생이나 체념 없이 유지되

동일성의 폭력
적 매커니즘의
경제적 모델이
자본주의라면
그 정치적 모델
은 파시즘이다

스스로 생각하기의 전통

기 어려운지도 모른다. 욕구가 충족된다면, 그것은 일시적으로 이뤄지는 것이고, 그 때문에 조만간 다가올 욕구 충족의 불가능성을 전제해야만 하는 지도 모른다. 그렇다면 기만과 불공정과 희생이야말로 삶과 역사 문명의 원형질이라고 말하는 것이 정직한 현실 인식에 가까울 것이다. 오디세우스는 살아남기 위해, 세이렌의 유혹 앞에서 자신의 귀와 눈을 막은 채 앞으로 나아간다. 동일성원리 아래 이질성에 대한 광범위한 억압은 이렇게 행해진다.

'지배' 아닌 '화해'로 ― 파국 이후의 계몽

> 지금까지의 역사에서 인간적인 것은 바로 그리고
> 오직 야만적인 것에서 번창하듯이, 결혼에서의 화
> 해는 굴복 주변에서 자라난다.
> 아도르노/호르크하이머, 『계몽의 변증법』(1947)

지금까지 살펴보았듯이, 인간의 역사에서는 한편으로 신화가 있고, 다른 한편으로 계몽이 있다. 한편으로 원시적 공포의 세계가 있고, 다른 한편으로 합리적 세계가 자리한다. 호메로스가 당시 마주했던 현실이 신화 세계라면, 그는 이 신화적 현실에서 자기의식의 힘으로 현실을 헤쳐 나가려는 모습을 보인다. 바로 이 점에서 그는 근대적 계몽 인간의 어떤 원형적 모델이라고 할 수 있다. 그는 계몽의 이름으로 자연을 지배하면서 진보와 발전을 추구한 까닭이다.

그러나 이 같은 자연지배는, 아도르노와 호르크하이머의 지적대로, 자연 착취이기도 했다. 더 심각한 것은 이 자연지배는 인간의 인간에 대한 지배로 변질

스스로 생각하기의 전통

되고 확장되었다는 사실이다. 그렇듯이 계몽은, 역사적으로 보아, 백성에 대한 '훌륭한' 통치 기술이면서 백성을 억압하는 도구이기도 했다. 그렇다면 지배와 착취, 기만과 폭력은 근대 사회의 산물이기 이전에 고대 서사시나 신화에도 이미 들어 있는 것이었다. 이것이 신화와 계몽의 변증법 — '계몽의 자기기만' 혹은 '합리성의 비합리성'이다.

계몽의 이 같은 거짓은 무엇을 초래했는가? 그 병폐는 여러 가지겠지만, 아도르노와 호르크하이머는 무엇보다 '경험 세계의 빈곤'을 든다. (이것은 이른바 아우라의 상실 후에 나타나는 중요한 징후로 '경험의 상실'을 말한 벤야민의 재수용이라고 할 수 있을 것이다.)

사회적 경제적 학문적 장치가 복잡해지고 세밀해질수록 — 생산체제는 이 장치의 사용에 육체를 맞춰 왔는데 — 몸이 가진 체험의 능력은 점점 더 빈곤해진다. 특질의 제거와 이 특질의 기능으로의 전환은 합리화된 노동방식 때문에 과학으로부터 국민들의 경험 세계로 전이되고, 그 때문에 사람들의 경험 세계는 양서류의 경험 세계와 경향적으로 비슷해진다. 오늘날 대중의 퇴행은 들을 수 없는 것을 자기 귀로 듣고, 붙잡을 수

없는 것을 자기 손으로 만질 수 있는 능력의 부재를 뜻
한다. 이것은 정복된 신화적 형상을 대체하는 새로운
형태의 현혹이다.[31]

위의 글은, 아도르노의 많은 문장이 그러하듯이, 까
다롭다. 그러나, 자세히 보면, 그리 까다로운 것도 아
니다. 핵심은 두 가지로 보인다. 첫째, 사회경제적 학
문적 복잡화로 인해 "체험의 능력"이 "점점 더 빈곤
해진다"는 것이고, 그래서 "사람들의 경험 세계가 양
서류의 경험 세계와 경향적으로 비슷해진다"는 것이
다. 둘째, 이 때문에 대중은 "들을 수 없고" "붙잡을
수 없는 것"을 자기 귀와 손으로 감지할 "능력"을 갖
지 못한다. 이것이 "대중의 퇴행"이다. 이것은 "신화
적 형상"의 극복이 아니라 "새로운 형태의 현혹"이
도래했음을 뜻한다.

좀더 풀어 쓰자. 인간은 노동을 통해 자연을 다루고
이 자연의 산물로부터 생명을 부지해 왔다. 그러나 그
가 정착 생활을 시작한 후 더 많은 자연지배 속에서
지배의 성격은 점차 변질된다. 지배의 도구들 — 언어
와 무기와 기계는 그의 생명 유지에 기여하지만, 그
렇다고 무력감과 불안이 줄어드는 것은 아니다. 자연

의 폭력 이상으로 물리적 폭력을 제어하는 데 동원된 인간의 폭력도 심화되었기 때문이다. 인간의 자연지배가 인간의 인간지배로 전환되는 것은 그런 맥락에서다. 그것은 이성의 비이성으로의 변질과 같다. 마치 기계가 인간을 한편으로 먹여 살리지만, 다른 한편으로 불구로 만드는 것과 비슷하다고나 할까? 곳곳에 자기기만과 책략과 이데올로기가 자리하는 것이다. 그러나 더 중요한 사실은 이 모든 병폐가 계몽과 합리성의 역사에서 불가피했다는 점일 지도 모른다.

그렇다면 관건은 새로워진 환경에서, 그러나 여전히 계속되는 현실의 비참에 과연 어떻게 응전할 것인가가 될 것이다. 계속되는 속박과 지배에 대해, 그리고 이전보다 더 확고하면서도 정교해지고 다층적으로 복잡해진 사물화와 소외에 대해 우리는 어떻게 대응할 것인가? 이제 필요한 것은 이성의 역사가 내세워온 '발전'이나 '진보', 혹은 '계몽'이나 '이성'이 얼마나 기만적인가를 드러내는 것이다. 하지만 이 같은 비판이 더 이상 불가능하다면, 그때는 어떻게 해야 하는가? "새로운 형태의 현혹"이 뜻하는 것은 바로 이런 문제의식이다.

아도르노에게 '현혹(Verblendung)'이란 눈멂이고,

필요한 일은 이성의 역사가 내세워온 '발전', '진보', '계몽', '이성'이 얼마나 기만적인가를 드러내는 것이다

이 눈먼 상태에서 비판능력이 없어지는 것을 뜻한다. 그래서 인간의 체험세계는 "양서류"의 그것처럼 빈곤해진다. 아도르노와 호르크하이머는 계몽이 신화로 퇴보하게 된 원인은 단순히 "민족주의적이고 이교적인 그리고 그 밖의 현대적 신화에서가 아니라, 진리에 대한 두려움 속에서 경직된 계몽 자체에서 찾아질 수 있다"고 썼다.[32] 그렇다면 필요한 것은 양가적 태도일 것이다. 다시 말해 계몽과 이성에 대한 이중적 비판이다. 진리추구는 한편으로, 그것이 오늘의 현실에서 쉽지 않다는 점에서, '두려운' 일이지 않을 수 없다. "진리에 대한 두려움 속에서" 우리는 그러나 다른 한편으로 "경직되어선" 안 된다. 그러니까 계몽의 반계몽 혹은 이성의 자기파괴 후에 가져야 할 이성적 입장은 이렇다: 진실에 대해 두려워하면서도 이 두려움 속에서 스스로 경직되는 것이 아니라, 이 경직의 있을 수 있는 속박을 벗어나 또 다른 차원으로 나아가야 한다.

계몽과 이성에 대한 이중적 비판

그러므로 다시 문제는 계몽의 자기비판이고, 계몽의 자기성찰적 가능성을 어떻게 정립할 것인가다. 사물화 혹은 물신주의가 가장 배격하는 것이 바로 이 사유이고 사유의 가능성이기 때문이다. 이때의 사유란 곧 이성이고, 이성의 비판적 잠재력이다. 아마도 자

사물화 혹은 물신주의를 넘어

기제어적 계몽만이 계몽의 한계를 넘어 삶의 또 다른 차원을 개시할 수 있을지도 모른다. 이때 "또 다른 차원"이란 어떤 곳인가? 그것은, 아도르노적 의미에서는, '지배'가 아니라 '화해'의 세상일 것이다.

> 오디세우스의 지배를 통한 체념은 신화와의 싸움으로서, 체념과 지배를 더 이상 필요로 하지 않는 사회를 대변한다. 그러한 사회는 자기 자신이나 다른 사람에게 폭력을 행사하는 것이 아니라 화해를 할 수 있는 능력을 가진 사회일 것이다.[33]

계몽의 변증법이라는 현대 세계에서의 좌절 이후 우리가 결국 추구해야 하는 사회는 폭력이 아니라 화해의 공간일 것이다. 그 사회는 더 이상 지배하는 곳이 아니라 지배를 필요로 하지 않는 곳이 될 것이다. 만약 지배가 불가피하다면, 그것은 합법적 지배여야 할 것이다. 합법적 지배란 지배에서 가능한 모든 특권과 예외와 반칙을 없앤 다스림의 형식이 될 것이다. 우리가 민주주의나 공동체주의 혹은 시민주권이나 인권의 문제를 거론하는 것은 그런 이유에서일 것이다.

여기에서 다시 계몽의 정신이 필요하다. 이것이 아

지배를 필요로 하지 않는 곳, 만약 지배가 필요하다면 그것은 모든 특권과 예외와 반칙을 없앤 합법적 지배의 형식만이 인정되는 곳

도르노와 호르크하이머는 오디세우스 해석의 기나긴 논의 끝에 꺼내놓은 결론이다. 이 이성은, 다시 한 번 더 강조하여, 이성 자체가 아니라 반성된 이성이고, 그러니만큼 이성의 이성이어야 한다. 반성된 이성은 계몽의 자기배반 — 이성의 비이성적 가능성까지도 경계하기 때문이다. 이런 계몽의 정신에는 비판을 위한 성찰과, 자유를 위한 책임의식, 그리고 관용을 위한 화해의 태도가 자리할 것이다. 이 이성을 아도르노는 『심미적 이론』에서 "합리성을 비판하는 합리성", 혹은 "합리성에 대한 제2의 반성"이라고 불렀다.[34] 이것은 어떻게 가능할까?

　이러한 물음에 설득력 있게 답하는 것은 간단하지 않다. 한 가지 확실한 사실은, 앞으로의 이성이, 그것이 어떻게 불리고 그 방법이 무엇이건 간에, 정신이 걷는 애매하고 까다로운 길을 회피하지 않아야 한다는 사실이다. 이러한 생각은 『계몽의 변증법』 서문에서 이미 분명하게 적혀 있다.

　　발전 앞에서도 멈추지 않는 비판적 사고는 자유의 나머지를 위한, 그리고 실질적 인간성으로의 움직임에 대한 참여를, 비록 이 참여가 거대한 역사적 흐름 앞에서 무기력하게 보일지라도, 요구한다. (…) 오늘날 중요한 것은, 관리되는 세계로의 진행을 간접적이나마 촉진시키는 대신, 자유를 지키고 확장시키며 펼치는 것임을 그 후의 우리 저작에서도 표현해 왔다.[35]

진실된 사유는 이미 존재하는 것에 무조건 굴복하지 않는다. 그것은 이미 있는 질서를 완전히 부정할 수 없지만, 그러나 그 질서로부터 언제나 거리를 유지한다. 그러면서 기존과는 다른 가능성을 모색할 수 있어야 한다. 그래서 있을 수 있는 기만과 거짓의 현혹 가능성을 경계해야 한다. 그러므로 사유는 스스로 움직여야 하고 유연해야 하며 복합적이어야 한다. 즉 굳어 있어서는 안 된다. 경직된 사유란 의식의 부재이고 사유의 죽음이기 때문이다. 경직된 사유는 이미 지배의 일부인 까닭이다. 현재 질서에 봉사한다면, 그것은 대중문화의 총체적 기만과 다르기 어렵다. 아도르노와 호르크하이머가 저 유명한 사회 조사 연구소를 설립한 것도 이 같은 문제의식을 더 구체화시키기 위해서였다.

경직된 사유는 '이미' 지배의 일부이다

III. 비이성적 신화에 저항하며

위로부터의 어떠한 도움도, 어떤 초자연적 조력도
우리에게 해방을 가져다줄 수 없다.
우리는 그 해방을 스스로 수행해야 하고 스스로 책임져야 한다.

카시러, 『계몽주의 철학』(1932)

비이성적 신화에 저항하며

　최근 5~10년 사이 한국 사회에서는 이른바 웰빙 (well-being) 바람이 불고 있다. 그것은 우리 사회가 한국전쟁 후인 1950~60년대의 기아선상에서 벗어나, 또 그 이후 1970~80년대의 산업화 시대를 벗어나 전체적으로 소득 수준이 높아지고 물질적 경제적 조건이 호전되면서 좀더 높은 삶의 질에 대한 염원을 표현한 것이라고 할 수 있다. 그것은 근본적으로 문화적 성격을 띤다. 그러면서도 여기에 정치적 제도나 물질적 분배의 문제에 대한 요구가 없는 것은 아니다.

　그러나 그렇다고 해도 한국 사회에서 영위되는 삶의 수준은, 전체적으로 보아, 아직도 그리 높다고 말하기 어렵다. 그것은 '여전히 낮고', 적어도 경제 수준에 비해서는 '현저히 낮다'고 말할 수 있다. OECD(경제협력개발기구)는 해마다 '더 나은 삶의 지수(Better Life Index, BLI)'를 교육이나 안전, 주거와 고용, 삶의 만족도, 건강과 환경, 공동체 의식 그리고 시민 참여 등 11개 항목에서 평가를 하고 있는데, 작년 우리나라는 38개국 가운데 28위를 하였다. 그리고 그 지표들 가운데 건강은 35위, 삶의 만족도는 36위, 환경과 공동체 수준은 37위였다. 비슷한 성격을 가진 또 다른 여론 조사에서는 145개국 가운데 74위로서, 한국은 루마니아와 이란, 마케도니아와 요르단과 비슷한 수준이라고 한다.[36]

이 땅의 공적 영역으로 우리의 시선을 돌리면, 마음은 더욱 착잡해진다. 일상에서 하루가 다르게 일어나는 온갖 사건과 사고는 말할 것도 없고, 사회정치적 현실에서 일어나거나 언론에서 매일처럼 보도되는 추문과 억지, 궤변과 술수 혹은 막말은 말로 담기 어렵다. 온갖 거짓과 표절, 위조와 위증은 어떻게 되는 것인가? 바로 이런 부당함에 견디지 못하여 많은 사람들이 거리로 나가 시위를 하거나 청원 운동을 하거나 인터넷에 댓글을 달기도 한다. 그리고 그에 못지않은 많은 사람들은, 그와는 반대로, 이런 현실을 외면하거

　　　　　스스로 생각하기의 전통

나, 심지어 외국으로 이주하기도 한다. 최근 들어 한 국민의 해외 이주 숫자는 더욱 늘어난다는 보도도 있다. 이런 사회에서 '진보'와 '보수', '좌파'와 '우파' 같은, 지난 1960~80년대에나 통용되던 이항 대립항은 여전히 지배적이다.

그러나 더 심각한 사실은 합리성에 어긋나는 갖가지 일상의 행태들 — 비상식적 태도나 격앙되고 흥분된 반응, 분노와 원한의 정의감 그리고 과도한 물질주의적 집착이 압도적인 데 있지 않나 싶다. '좋은 삶'에 대한 사회적 합의도 없고, 그에 대한 공적 규범의 토대도 허약하다. 그러니 그런 삶의 생활적 내면화에는 한참 못 미치고 있다. 과연 어떻게 사는 것이 신체적으로 건강하고 주거적으로 안정되며 정신적으로 행복한 삶일까? 아마도 그 과정은 크게 잡아 자기의식적이고 자기해방적인 형성의 머나먼 과정이 될 것이고, 이런 과정의 목표는, 이미 여러 차례 언급했듯이, 자유롭고 자율적이면 성숙한 인간이 될 것이다. 이 복잡한 문제 앞에서 나는, 카시러에 기대어, 다섯 가지를 말하고 싶다.

첫째는 "21세기의 계몽주의"로서 "반합리주의와의 싸움"이 필요하고, 둘째, 이런 싸움에서 책임과 윤리가 "하나의 요청"으로서 필요하며, 셋째, 이에 대한 좀더 구체적인 실천 사례를 카시러와 칸트의 행동방식이 보여준다는 것이며, 넷째, 그 구체적 통로로 "심미적 방법"이 어떤가라는 것이고, 다섯째, 이 모든 것의 출발점으로서 사회의 "토대를 돌보는 일"이 절실하다는 것이다.

반(反)합리주의와의 싸움 — 21세기의 계몽주의

합리주의를 연마하기보다는 비합리주의를 맹신하고 나아가 합리주의를 유린하는 일, 상식적인 일을 하기보다는 비상식적 언행도 마다하지 않는 것, 그리고 사안을 토론이나 절차 속에서 결정하기보다는 흥분하여 고함지르거나 행동으로 나아가는 일이 이런 비합리주의 — 현 단계 한국 사회의 가장 고질적 병리(病理)로서의 반합리주의를 잘 보여준다. 이 점에서 계몽주의적 사고 훈련이 '아직도' 절대적으로 필요해 보인다. 다시 말하여, '합리성을 체질적으로 구현하게 될 문화적 단계가 될 때까지' 우리 사회는, 칸트적으로 말하여, '계몽된 시대'가 아니라, '계몽의 시대' — 계몽되어야 할 시대인 것이다.

삶의 비인간화는 계몽의 과도함 때문이 아니라 그 부족에서 온다. 문명화된 야만은 과도한 계몽이 아니라 계몽의 결핍 때문이다. 그렇다면 이 비합리성을 척결하는 데 필요한 것은, 300년 전이나 지금이나, 여전히 계몽주의의 정신이다.

문명화된 야만은 과도한 계몽이 아니라 계몽의 결핍 때문이다

하지만 이때의 계몽주의란, 거듭 말하여 18세기의 계몽주의일 수는 없다. 그것은 말할 것도 없이 21세기의 오늘에 맞게 새로운 형식과 내용을 갖춰야 한다. 그런 점에서 2018년 이후의 계몽주의는, 한마디로 말하여, 비이성과의 싸움, 혹은 반합리주의에의 저항이 되어야 하지 않나 싶다.[37] 그렇다면 우리에게 먼저 필요한 것은 '가슴'이 아니라 '머리'일 것이다. 시급한 것은 감성이나 감정이 아니라, 논리와 이성이다. 우리가 지향해야 할 것은 흐리멍덩하고 혼탁한 것이 아니라, 삶이 아무리 복합적이고 애매하다고 해도, 최대한으로 정확하고 선명한 것들이다.

반합리주의와의 이 같은 싸움의 필요성은, 우리가 20세기의 역사적 경험을 돌아보면, 금세 드러난다. 하지만 이것은 이를테면 카시러가 『국가의 신화』를 쓰던 1943년에서 1944년 겨울 무렵 그가 어떤 상황에 처해 있었던가에서도 어느 정도 확인된다.

1943~44년 무렵 세계는 전쟁 중이었다. 더욱이 카시러는 나치정권의 억압 때문에 독일을 떠나야 했고, 영국과 스웨덴을 떠돌다가 미국으로 망명해야 했다. 현실에서의 이성적 사고는 과학기술이나 정보와 지식의 발전에 비해 형편없이 낙후된 상태였다. 현대인은 엄청난 물질적 풍요와 기술적 진보에도 불구하고 많은 것을 잃고 원시적 미개상태로 되돌아간 듯이 보였다. 그가 현대의 정치현실에 나타난 몽매함을 '신화'라는 개념으로 분석한 것도 그런 이유에서였다. 신화를 '야만적이고 미신적이며 기괴하고 비합리적인 관념의 덩어리'라고 한다면, 그것은 현실의 거의 모든 병리적 현상들 — 폭력과 죽음의 기원이 아닐 수 없다. 나치즘이나 파시즘 같은 전체주의 이데올로기도 이 비합리주의적 신화의 정치적 버전이기 때문이다.

카시러는 현대의 정치적 신화가 지닌 계보를 추적하면서 크게 세 사람의 논의를 끌어들인다. 그것은 칼라일(T. Carlyle)의 영웅 숭배와, 고비노(Gobineau)의 『인종불평등론』, 그리고 헤겔의 국가이론이었다. 칼라일은 정치 지도자를 신성시하고 힘과 정의를 동일시하였다는 점에서, 고비노는 백인종만이 문화와 역사를 건설할 수 있는 능력을 지닌 유일한 인종으로 파악했다는 점에서 ─ 그에게 황인종이나 흑인종은 아무런 가치도 의지도 없는 존재였다 ─ 그리고 헤겔은 국가를 지상에 존재하는 신적 절대적 이념으로 파악했다는 점에서, 이들 세 논자는 모두 다 파시즘적 강령의 무자비한 일단을 내포하기 때문이다.

그리하여 헤겔 철학에 내포된 프로이센 국가주의는 국가 숭배와 다르지 않았고, 그의 국가 숭배와 칼라일의 영웅 숭배는 서로 통하였다. 또 관습(Sitte)을 중시하고 모든 과격한 변화에 반대하는 헤겔의 근본적 보수주의는, 여기에도 물론 수긍할 면모가 있지만, 고비노의 무비판적 인종주의와 전혀 무관한 것은 아니었다. 카시러는 헤겔의 국가론이 내장한 모순에 대해 다음과 같이 명료하게 비판하였다.

이러한 점에서 헤겔주의는 현대의 문화적 삶에서 가장 역설적 현상의 하나다. 아마도 헤겔주의 자체의 운명보다도 역사의 변증법적 성격에 대한 사례를 더 잘 보여주는 두드러지는 예는 없을 것이다. 헤겔이 옹호한 원리는 갑자기 그 반대로 전환되었다. 헤겔의 논리학과 철학은 이성적인 것의 승리인 듯이 보였다. (⋯) 그러나 인간의 사회적 정치적 삶에서 지금까지 나타난

적이 없는 가장 비이성적인 힘들을 그가 무의식적으로 풀어놓았다는 것은 헤겔의 비극적 운명이었다. 다른 어떤 철학 체계도 파시즘과 제국주의를 준비하는 데 있어 헤겔의 국가 이론만큼, 말하자면 국가를 '지상에 존재하는 신적 이념'으로 간주하는 것보다 더 많은 일을 한 것은 없다.[38)

헤겔의 모든 이론과 사고는, 카시러가 판단하기에, 철저히 프로이센 국가에 결부되어 있었다. 그는, 그 시대 대부분의 사상가가 그러했듯이, 근본적으로 '애국자'였다. 헤겔은 '교양'이나 '보편성'을 자주 언급했지만, 그러면서도 인본주의적 이상이나 보편적 인류애를 쉽게 믿지는 않았다. 이런 헤겔을 우리는 단순히 '정치적 기회주의자'라고 말할 수는 없다. 그럼에도 그는 근본적으로 현실주의자였다는 것도 사실이다.

그리고 무엇보다도 헤겔의 논리학과 철학에는, 카시러가 지적한 대로, 깊은 의미에서 '국가주의적 이상'이 들어 있었다. 이것은 그의 윤리학과 법철학에서도 그리 다르지 않다. 그래서 카시러는 비판한다. "다른 어떤 철학 체계도 파시즘과 제국주의를 준비하는 데 있어 헤겔의 국가이론만큼, 말하자면 국가를 '지상에 존재하는 신적 이념'으로 간주하는 것보다 더 많은 일을 한 것은 없다." 헤겔 철학과의 비판적 거리가 필요한 것은 이런 이유에서일 것이다. 복잡할 뿐만 아니라 위대한 사유의 체계이기도 한 헤겔의 철학을 그 성취뿐만 아니라 그 과오까지 이렇게 명료하고도 설득력 있게, 그래서 놀라운 균형 감각 속에서 정식화할 수 있는 것은 카시러의 학자적 탁월성에서 올 것이다.

스스로 생각하기의 전통

'요청'으로서의 책임과 윤리

주의하지 않으면, 언제 어느 때건 야만의 신화는 되풀이된다. 이런 점에서 '윤리'와 '책임'은, 다시 칸트적 의미에서, '요청(Postulat)'된다고 할 수 있다. 그것은 외부로부터의 '강제'나 상부로부터의 '명령'이 아니다. 윤리와 책임의 의식은 각 개인이 지닌 마음의 깊은 곳으로부터 저절로 우러나와야 한다. 그렇게 자연스럽게 우러나올 때, 그것은 좀더 믿을 만한 것이 되고, 더 오래 가기 때문이다.

이런 자발적 윤리와 책임을 오늘날의 현실에 맞게 재구성하는 원리는 물론 이성이 될 것이다. 그러나 우리가 필요로 하는 이성은, 이미 여러 차례 언급했듯이, 단순히 이성만을 위한 이성이어서도 안 된다. 그것은 감성의 잠재력을 폭넓게 수용하는 이성이어야한다. 그러면서 동시에 그 이성은, 흔히 말하듯이, 감성과 이성을 종합하는 것으로 깔끔하게 해소되는 것이라기보다는 더 넓은 지평으로 열리는 것이어야 한다. '손쉬운 종합'은 그 자체로 나쁘다기보다는 삶의 다채로운 사실을 안이하게 평준화한다는 점에서 일종의 기만일 가능성이 높기 때문이다.

'좀더 넓은 지평으로 열리는' 것의 주어는 무엇보다 우리의 감각과 사고다. 그러나 감각과 사고를 더 넓은 지평으로 여는 것은 쉽지 않다. 그것은 어떤 법률을 입안하고 제도를 디자인하는 것보다 긴급하지 않을 수 있다. 하지만 그 어떤 정치법률적 제도화보다 근본적인 일일 수도 있다. 왜냐하면 감각과 사고의 쇄신은 무슨 슬로건이나 프로그램의 목록이 아니라, '나날의 생활 속에서' '내 자신이' '매일 매순간' '행해야' 하는, 그래서 몸의 구체적 변화 속에서 일어나는 생생한 체험의 과정이기 때문이다. 그것은 생활의 체질화요 문화적 내면화의 과제다. 이 문화적 내면화의 문제에서 결정적인 것은 '양'이 아니라 '질'이고, '수치'가 아니라 '정도'이며, '기교화'가 아니라 '성숙화'다. 이질과 정도와 성숙에는 오랜 훈련과 시간의 경과가 요

감각과 사고의 쇄신은 슬로건이나 프로그램의 목록이 아니다

스스로 생각하기의 전통

구된다. 문화의 문제란 결국 영육의 시간적 성숙의 문제에 다름 아니다. 한국 사회의 문화는 이제는 그야말로 내면적 육화—성숙화의 오랜 단계로 들어서야 할 때가 되었다.

문학이나 예술 혹은 더 넓게 인문학이 절실한 것은 이런 맥락에서일 것이다. 인문학은, 간단히 말하여, 심성의 수련, 그럼으로써 생활의 문화화로 수렴되기 때문이다. 내면적 육화나 생활의 문화화 같은 대목에 오면, 더 이상 사변적 이론적 논의가 아니라 일상에서의 구체적 사례가 필요하다. 멀리 갈 필요가 없다. 카시러의 몇 가지 예를 살펴보자.

카시러의 행동방식과 칸트의 장례식

카시러가 미국으로 건너간 것은 1941년 봄이었다. 이때부터 1945년 봄까지 그는 4년 동안 미국에 머물면서 앞서 언급했던 『인간이란 무엇인가?(An Essay on Man)』(1944)와 『국가의 신화(The Myth of the State)』(1946)를 영어로 썼다. 이 두 권의 편집자는 찰스 헨델(C. Hendel)이다. 그는 카시러가 세상을 떠나기 며칠 전에 탈고한 『국가의 신화』 서문에 다음과 같이 적었다.

그(카시러: 역자 주)는 언제나 그의 언어 사용법뿐만 아니라 철학적 논의에 대해서도 비평을 원했다. 그는 어떤 교정이나 개선의 시사도 고맙게 받아들였다. 그는

스스로 생각하기의 전통

우아한 정중함으로 모든 견해와 질문을 재어보고 감사하게 여겼다. 그는, 어떤 우정 있는 비평자가 문제를 그가 제시한 대로 분명하게 혹은 논리적으로 이해하지 못할 때, 그 잘못이 자기에게 있다고 여기는 것을 원칙으로 삼았다. 이렇게 가정하는 것 때문에 그와 데이비드 흄은 연결되는데, 흄은 독자의 정신에 대하여 똑같은 경의를 갖고 있었다.[39)]

이렇듯이 카시러는 모든 "시사된 정정이나 개선", "견해와 질문"에 열려 있었다. 단순히 열려 있었을 뿐만 아니라 그는 그것을 "고맙게 수락했고", 이런 태도에는 "우아한 정중함"이 담겨 있었다. 그가 자기 학문에서 내걸었던 것들은, 그것이 『르네상스 철학에서의 개인과 우주』건, 아니면 『계몽주의의 철학』이건, 아니면 『인간에 대한 에세이』건, 『국가의 신화』이건 간에, 한결같이 자기의식과 자기비판이었다. 이 점은 흥미로운 대목이 아닐 수 없다.

카시러가 자기비판 속에서 근대 인간의 책임 있는 도덕성을 보았다면, 이 도덕성은 거꾸로 그가 일상에서 보여준 자기비판적 책임성에서 다시 확인된다고 할 수 있다. 그에게 학문과 삶, 이론적 탐색과 생활에서의 실천은 분리된 것이 결코 아니었던 것이다. 그가 학자로서 위대하다면, 그것은 학문과 삶 사이의 바로 이 같은 일치에 있을 것이고, 이 일치의 뿌리에는 자기의식의 반성성이 있다. 이 카시러적 반성성은, 지금껏 살펴보았듯이, 단순히 대상에 대한 인식이나 명상이 아니라, 자기를 자율적 주체로 구성하는 가운데 삶을 윤리적으로 변형해 가는 실천에 있었다.[40)]

그런데 카시러가 이렇게 행동하게 된 하나의 모델은 다시 칸트라고 우리는 말해야 할 것이다. 실제로 카시러가 평생을 통해 존경한 사람도, 루소나 괴테 외에 이 칸트였기 때문이다. 카시러가 생활 속에서 근대적 인간의 반성적 태도를 잘 보여주었다면, 칸트는 그의 저작 속에서 이념적으로 가장 분명하게 그리고 포괄적으로 정초했다고 할 것이다. 이런 칸트의 장례식 장면에 대하여 만프레드 가이어는, 칸트의 계몽철학을 자기 정치사상의 중심에 두었던 포퍼에서 출발하여, 이렇게 썼다.

코니히스베르크에 살던 그 어떤 사람들도 칸트가 무덤으로 운반되던 저 추운 2월 날의 그런 운구 행렬을 결코 본 적이 없었을 것이다. 그는 가난한 어느 수공업자의 아들로 태어나서, 마치 왕처럼 묻혔다. 그 도시의 모든 종이 울렸다. 길을 가던 마차들은 멈추었고, 관을 따르던 사람들의 행렬은 끝날 것 같아 보이지 않았다. 그 이유는 칸트가 행한 철학적 사고 작업 그 이상임에 틀림없었다.[41]

칸트의 이 유례없던 장례식을 칼 포퍼는 어느 한 글에서 추모하였는데, 이 글은 그가 1954년 2월 칸트 150주기를 기념하는 런던의 한 방송에서 행한 연설에서 언급된 내용에 관한 것이다. (그리고 이것은 몇 년 후 출간된 독일어 번역본『열린사회와 그 적들』에 수록되었다.) 위의 글에 이어지는 가이어의 포퍼 인용문은 다음과 같다.

절대 군주인 프리드리히 빌헬름 3세 치하이던 1804년 당시 칸트를 위해 울린 그 종소리는 미국과 프랑스 혁명이 끝난 후의 메아리였다. 그것은 1776년과 1789년 이념의 메아리였다. 칸트는 그의 동료 시민들에게 이 이념의 상징이 되었고, 그들이 그의 장례식에 온 것은 인권과 법 앞의 평등, 세계 시민성과 지식을 통한 자기 해방, 그리고, 아마도 훨씬 더 중요한 것으로, 지구 위의 영원한 평화를 가르치고 알린 사람으로서의 그에게 감사하기 위해서였다.

(…) 모든 인간이 자유로운 것은 그가 자유롭게 태어났기 때문이 아니라, 하나의 짐을 가진 채로 태어났다는 것, 말하자면 그의 결정의 자유에 대한 책임이라는 짐을 가지고 태어났다는 점을 칸트는 보여주었다."[42]

칸트가 보여준 것은 이런 사실이다. "인간이 자유로운 것은 자유롭게 태어났기 때문이 아니라, 자유롭게 결정하는 책임을 가지고 태어났기 때문이다"라는 것

카시러의 윤리적 행동이든, 이 카시러에 영향을 끼친 칸트의 삶이든, 또 이런 칸트를 카시러만큼이나 흠모했던 포퍼의 추모에서건, 이제 우리에게 남은 것은 결국 '어떻게 살 것인가'라는 문제가 될 것이다. 학문적 인식이건, 도덕적 행동이건, 아니면 종교적 믿음이나 국가 권력이건, 분명한 것은 인간은 근본적으로 자율적 존재이고, 또 마땅히 자율적 존재여야만 한다는 사실이다.

자율적 존재가 된다는 것은, 거듭 강조하여, 개체 스스로 책임을 진다는 뜻이다. 어떤 책임인가? 그것은 1차적으로는 스스로 행한 결과에 대한 책임을 지는 일이고, 좀더 넓게는 우리의 지식과 믿음을 가설의 잠정적 형태로 두는 것, 그래서 경험적 반박과 비판적 검토의 대상이 되게 하는 일이다. 어떤 대상도 절대화

어떤 진리도 절
대화하지 않는
것. 그러면서도
진리의 가능성
을 포기하지 않
는 것
—스스로의 선
택과 결정에 책
임을 지는 것.
그러면서도 스
스로의 지식과
믿음을 경험적
반박과 비판적
검토의 대상이
되게 하는 것

하지 않는 것, 그러나 그렇다고 진리의 가능성을 포기
하는 데로도 나아가지 않는 것. 가설의 이러한 지속적
검토 속에서 우리의 인식은 항구적으로 성장해갈 것
이다. 자유는 자발적 책임의 이러한 수락으로부터 비
로소 생겨난다. 이렇게 행해지는 자유의 삶 ― 그것만
이 '유일하게 살 만한 인간 삶의 형식'이라고 칸트는
여겼다.

모든 독단론에 저항하면서 비판적으로 사고하고 책
임 있게 행동한다면, 우리는 '근대적 인간'이 될 수 있
을 것이다. 그런 인간들의 세계는 미래로 열려 있을
것이다. 이 세계에서 근대적 인간은 비판적 합리성과
자율적 판단력 아래 삶의 현실에 적극적으로 개입하
여 이 공간을 이성적으로 주형할 수 있을 것이다. 이
것은 개인적 행복을 위해서나 공동체의 질서를 위해
서도 절실해 보인다. 아니 근대 서구 사회가 남긴 유
산 가운데 절대적으로 그르쳐선 안 될 귀중한 덕목의
핵심이 아닌가 싶다.

비지배적 타자성의 옹호 — '심미적 방법'에 대하여

> 어떠한 이론도, 진실한 이론마저도,
> 그것이 대상에 대한 자발적 관계를 외
> 면화하면, 망상으로 뒤집힐 수 있다.
> 아도르노, 「문화비평과 사회」(1955)

앞에서 나는 21세기에도 계몽주의는 필요하고, 이 계몽사상의 핵심으로서의 이성은 여전히 유효하다는 것, 그러나 이때의 이성은 지난날의 역사적 이성이 아니라 오늘날의 이성이고, 이성만의 이성이 아니라 감성을 포함하는 이성이어야 한다는 것, 하지만 이러한 감성적 이성 속에서 도덕과 윤리는 명령이나 지시로서 자리하는 것이 아니라 하나의 '요청'으로서 실행되어야 한다고 적었다. 그렇다는 것은 도덕이 각 개인의 내부에서 자발적으로 우러나와야 한다는 뜻이다. 그리고 그 구체적 예로 카시러와 칸트의 생애 모습을 부분적으로 살펴보았다.

그러나 이러한 접근은 체계적으로 무르고 개념적으

스스로 생각하기의 전통

로 성기게 보인다. 우리가 희구하는 이성의 형태를 좀 더 견고하고 정밀하게 주형해낼 수는 없을까? 이성은 어떻게 그 역사적 오류를 경계하면서도 이성 자체의 비판적 잠재력을 오늘의 관점에서 재구성할 수 있는가? 이성이 이성만의 이성이 아니라, 그래서 계산되고 기술화된 이성으로서만이 아니라, 어떻게 감성과 지각의 가능성을 대폭 수용하고 체화한 이성이 될 수 있는가? 이성은 어떻게 이성 자체의 한계뿐만 아니라 그 가능성과 잠재력까지 반성하고 검토하면서 새로운 의미의 지평으로 나아갈 수 있는가? 이러한 물음에 대하여 설득력 있게 대답하는 것은 간단하지 않다. 또 다른 한편으로 이런 문제에 대해서는 몇몇 뛰어난 철학자나 미학자 혹은 시인과 작가가 직간접적으로 이미 탐색했다고 나는 생각한다.

그에 대한 하나의 방법이 예술과 관련하여 마련될 수 있다고 나는 생각한다. 즉 '심미적으로 수행될 수 있다'. 왜냐하면 예술은 대상을 '하나의 전체적 구도' 속에서, 그러나 지금 여기에 현존하는 '개체적 생생함으로' 드러내 보이기 때문이다. 그것은 말하자면 구체적인 것과 전체적인 것을 잇는다. 이렇게 대상의 전체를 개별적으로 인식하는 것을 우리는 간단히 '예술의 이성'이라고 부를 수 있다. 혹은 김우창 선생의 개념을 빌려 '심미적 이성'이라고 부를 수도 있을 것이다. 아니면, 조금 더 넓게, '심미적 방법' ─ 심미적으로 구성되는 삶의 태도라고 불러도 좋을 것이다.[43]

핵심은 심미적인 것(das Ästhetische, the aesthetic)의 반성적 성찰적 비판적 잠재력이다. 나는 '심미적인 것'이라는 개념을 이렇게 이해한다. 심미적인 것이란, 인간이 감각을 통해 느끼고 생각하고 판단하는 일련의 반성적 쇄신 과정을 포괄한다. 왜 심미적인 것인가? 그렇게 느낀 대상을 그저 생각하는 데 그치는 것이 아니라, 반성하고 판단하며 구분함으로써 좀더 나은 과정으로 옮아가려고 하기 때문이다.

이런 절차적 반성 속에서 주체는 진실과 거짓, 원상과 가상, 그리고 존재와 비존재를 구분한다. 이렇게 구분하는 힘이 다름 아닌 판단력이다. 이 판단력은, 그것이 대상을 '아름다움의 관점에서 판별하는' 가운데 이뤄지는 것이므로, '심미적'이라고 할 수 있다. 그러면서 그 판단력은 동시에 지적 개념적 의미나 도덕 윤리적 의미와는 다르다. 즉 두 요소를 포괄한다. 그러면서 독자적이다. 심미적 판단력은, 칸트가 썼듯이, '규정하는(bestimmend)' 데 그치는 것이 아니라, '성찰적으로(reflektierend)'작동하기 때문이다. 이 성찰적 판단력 아래 예술 인식은 구체적인 것으로부터 일반적인 것으로 나아가면서, 이 모든 조건을 비판한다.

심미적 판단 속에서 인간은 스스로 판단하기에 '자율적이고', 이 자율적 판단 아래 미를 향유하기에 '자족적'이며, 이렇게 자족하는 자율을 통해 보다 넓은 의미 지평으로 나아가기에 '자유롭다'. 이런 식으로 말하자면 칸트적 의미에서의 '확대된 사고방식(erweiterte Denkungsart)'이 이뤄진다고나 할까?

심미적 경험의 주된 대상은 자연과 예술 작품 그리고 삶이 될 것이다. 심미적 경험은, 이런 경험에서 이뤄지는 느낌과 생각의 내용이 이미 있어왔던 것의 구태의연한 반복이 아니라 대상의 새로운 면모를 발굴하고 드러내어 표현/형식을 부여한다는 점에서, '구제적'이고 '복권적'이다. 그래서 그것은 기존의 가치나 질서와는 어긋난다. 즉 비동일적이고 이질적이다. 바로 이 이질성 혹은 비동일성과의 만남 속에서 주체는 기존의 현실과 그 경험에 맞선다. 예술은 이 자기의식과 자기해방의 머나먼 형성과정을 장려하고 촉진시킨다. 그것은, 아도르노 식으로 말하여, '부정변증법적으로(negativdialektisch)'작동한다. 이것이 심미적인

예술은 자기의식과 자기해방의 머나먼 형성과정을 촉진시킨다. 예술은 '부정변증법적으로(negativ dialektisch)' 작용한다

것의 비판적 반성적 잠재력이다.

그러므로 부정변증법적 성찰은 여하한의 사물화에 대한 비타협주의를 뜻한다. 그것은 부단한 비판과, 이 비판의 내재적 동력화를 통해 삶의 편재화된 기만관계로부터 벗어나고자 한다. 이 벗어남은 그 자체로 삶의 의미 있는 재편성 과정을 이룰 수 있다. 이런 벗어남에서 핵심은 아마도 자발성이라고 말해야 할 것이다. 심미적 경험이 장려하는 것도 다름 아닌 이 자발성이다. 객관적으로 필연적인 것은 오직 주관적 자발성 속에서 실현된다. 프루스트(M. Proust)가 삶의 의미와 행복을 부여한 것도 주체의 자발성이었다. 자발성이 지금 여기에서 자라난다면, 예술 경험은 지금 여기의 행복에 주의한다. 심미적 경험 속에서 우리는 자발적 경험의 지금 여기를 존중하고, 이 존중에서 자유롭게 사고한다. 그렇다는 것은 그만큼 사회적으로 강제되는 동일성으로부터 거리를 둔다는 뜻이기도 하다.

객관적으로 필연적인 것은 오직 주관적 자발성 속에서 실현된다

자유롭고 사고할 수 있다면, 우리는 사회적 압박과 강제를 스스로 내면화하지는 않을 것이다. 삶이 좀더 높은 단계로 이행하는 주된 계기의 하나는, 물론 여기에도 여러 종류가 있겠지만, 이런 심미적인 것의 부정변증적 역학에서 온다. 이 부정적 역학은 그 자체로

표준화의 속박에 대한 반성운동을 이루기 때문이다. 심미적 반성을 통해 개인은 개체적 한계를 넘어 타인으로 나아가고, 자기와 타자로 이뤄지는 공동체적 상식의 세계(sensus communis)로 나아갈 수 있을 것이다. 우리가 자신의 입장 속에서 다른 사람의 입장을 가늠할 수 있고, 이 타인의 입장에서 세계를 기존과는 다르게 고찰할 수 있는 것도 이런 이유에서다. 삶의 상투성과 고루함, 독단과 편견은 이런 확대된 사고를 통해 조금씩 교정될 수 있다.

그러므로 심미적 판단력 속에서 감정과 이성은 서로 만나고, 지적 인식적 요소와 도덕실천적 요소가 서로 어울린다고 할 수 있다. 진리와 도덕이 하나로 만나는 것이다. 이것을 칸트는 이론이성과 실천이성이 심미적 차원 아래 통합된다고 설명하였지만, 여기에 '정치적 요소'도 첨가할 필요가 있지 않나 싶다. 심미적으로 구성된 판단력 속에서 우리는 현실에 개입하고, 이 현실의 변화에 참여하며, 이런 참여를 통해 삶의 공간을 이성적으로 조직하는 데로 나아가기 때문이다. 한나 아렌트(H. Arendt)가 규정적 판단력이 아니라 심미적 판단력을 자신의 정치이론의 바탕으로 삼은 것은 그런 이유에서일 것이다.

아마도 근대적 인간의 주체의식, 그리고 그 자율성과 자기성찰에 가장 잘 들어맞는 것이 칸트의 이 성찰적 판단력일지도 모른다. 성찰적 판단력이 근본적으로 심미적인 것이라면, 이 심미적 판단력은 정치적인 것이다. 칸트의 '확대된 사고'란 심미적으로 구성될 뿐만 아니라 공동체적 성격을 띤다. 주체는 심미적 경험 속에서 감각과 사고의 부단한 쇄신을 경험한다. 그렇듯이 우리는 스스로 생각하는 가운데 자기 생각을 고쳐가고, 이런 반성 속에서 생각의 지평을 확대해간다. 그러므로 '스스로 사고하라'는 칸트의 계몽주의적 명제는 심미적 판단력의 정치윤리적 가능성과 연결되어 마땅하다.

예술은 유토피아를 직접 실현시킬 수 없다. 또 심미적 방법이 미래의 삶을 탐색하는 유일한 길이지도 않다. 하지만 예술은 삶에 본질적인 것을, 적어도 파편적 형식으로나마, 상기시켜준다. 그것은 진리를 온전히 포착할 수 없지만, 그리고 그 진리를 즉각 실현시킬 수도 없지만, 그것은 진실할 수 있는 어떤 계기를 형상적으로 드러낸다. 더 나은 현실은 말할 수 없는 것을 절대적 부정성 속에서 드러내는 예술을 통해 조금씩 드러날 수 있을 것이다. 예술은 합리성을 비

예술은 진리를 포착하거나 즉각 실현시킬 수는 없을지라도 진리의 계기를 형상적으로 드러낸다. (…) 예술은 합리성을 비판하는 합리성이다

스스로 생각하기의 전통

판하는 합리성이기 때문이다. 그것은 기존에는 없던 것 — 잊히고 망실되고 억압된 것의 진실을 드러내는 가운데 세계의 지배적 합리성에 거스르기 때문이다. 그래서 그것은 지배 권력에 대한 비지배적 저항 형식이 된다. 예술의 저항은 표현 저항이다. 이렇게 저항하면서 그것은 세계의 새로운 차원을 개시(開示)한다. 이것이 심미적 유토피아의 현실적 가능성이다.

'토대'를 돌보는 일

그러나 삶의 심미적 가능성에 대한 이러한 논의는, 되풀이하여 강조하건대, 다시 사회역사적 제도적 경험적 차원에서 논의되어야 한다. 개인적 행동의 진실은 인간관계적 차원 속에서 순환적으로 확인되기 때문이다. 그런 점에서 카시러의『국가의 신화』의 마지막에 나오는 아래 구절은 하나의 결론으로 되새김질할 만해 보인다.

우리가 현대의 정치적 삶의 거친 학교에서 배웠던 것은 인간의 문화란 우리가 한때 생각했던 것처럼 그렇게 확고하게 세워진 것이 결코 아니라는 사실이다. 서구 문명의 기초를 놓았던 위대한 사상가들과 과학자들, 시인들과 예술가들은 영원한 것을 세웠다고 가끔 확신하였다. (…) 호라티우스는 자신의 시를 '청동보다 영구적인 기념비(monumentum aere perennius)'라고 불렀고, 셀 수 없이 많은 세월과 시대의 흐름으로도 파괴되지 않을 기념비로 보았다. 그러나 우리는 인류 문화의 위대한 걸작들을 훨씬 겸손하게 바라보아야 할 것으로 보인다. 그것들은 영원하지도 않고, 그렇다고 논박의 여지가 없는 것도 아니다. 우리의 과학과 우리의 시, 우리의 예술과 우리의 종교는 거대한 나락에까지 이르는 훨씬 오래된 지층의 위층일 따름이다. 우리는 우리의 문화적 세계와 사회적 질서를 바로 그 밑바닥까지 뒤흔들 수도 있는 난폭한 충격에 대해 늘 대비해야 한다.

(…) 이러한 지적 윤리적 예술적 힘들이 완전한 힘을 발휘한 상태에 있다면, 신화는 제어되고 눌러진다. 그러나 이것들이 한번 힘을 잃기 시작하면, 혼돈은 다시금 찾아온다. 그때 신화적 사고는 새롭게 일어나서 인간의 문화적 사회적 삶의 전체를 지배하기 시작한다.[44]

잊지 말아야 할 엄연한 점은 "인간의 문화가 우리가 한때 생각했던 것처럼 그렇게 확고하게 세워진 것이 결코 아니라는 사실"이다. "우리는 인류 문화의 위대한 걸작들을 훨씬 겸손하게 바라보아야" 한다. "그것들은 영원하지도 않고, 그렇다고 논박의 여지가 없는 것도 아니"기 때문이다. "우리는 우리의 문화적 세계와 사회적 질서를 바로 그 밑바닥까지 뒤흔들 수도 있는 난폭한 충격에 대해 언제나 대비해야 한다." 그렇다는 것은 이성과 비이성의 착잡한 뒤엉킴, 혹은 신화와 계몽의 은밀한 공범관계를 직시해야 한다는 뜻일 것이다. 그렇게 직시함으로써 우리는 이성의 야만으로의 퇴행가능성을 경계해야 한다.

이렇게 직시하는 힘은 어디에서 오는가? 지식과 권력의 동화를 비판한 수 있는 가능성을 우리는 어디에서 구할 수 있는가? 그것은 다시 이성의 잠재력에서 올 것이다. 여기에 대해 칸트는 주체가 스스로 사고하는 자기규정력을 말하였고, 아도르노와 호르크하이머는 계몽의 자기파괴 과정을 분석함으로써 계몽 자체에 대한 계몽을 위한 이데올로기 비판을 시도하였다. 그에 반해 카시러는 역사의 난폭한 힘을 이겨낼 수 있는 힘은 "지적 윤리적 예술적 힘들"로부터 온다고 믿었다. 여기에 덧붙여 필자는 '심미적 방법'의 가능성을 언급했다. 이 모든 힘들이란 아마도 '문화적인' 것

문화란, 불순의 함의가 없지 않은 채로, 근본적으로 '교양적'이다

이라고 말할 수 있을 것이다. 그리고 문화란, 불순의 함의가 없지 않은 채로, 근본적으로 '교양적'이다. 우리는 문화보수주의가 가질 수 있는 퇴행성에도 주의해야 하고, 그 교양은 교양인본주의가 갖는 폐해를 이겨낼 수 있어야 한다. 그런 점에서 문화나 교양도 이성의 부정적 관점 아래 재검토되어야 한다.

우리는 우리 삶의 자발적 형성자이고, 나는 내 삶의 책임 있는 변형자여야 한다. 이 점에서 어느 누구도 나를 대신할 수 없듯이, 어떤 그들도 우리를 대신할 수 없다. 그러나 그것은 오늘날 지극히 어렵다. 현대의 이성은 산산조각 나 있고, 우리의 마음은 더 없이 피폐해 있다. 현대적 삶은, 그것이 물질적으로 아무리 풍요롭고 정보적으로 아무리 거대하다고 하여도, 그 삶의 질적 수준은 높아 보이지 않는다. 그가 가진 정신의 풍경은 차라리 황량하고, 그 영혼은 증발한 지 오래인 것처럼 보인다. 어떻게 해야 하는가? 삶의 계몽은 앞으로 어떻게 이뤄져야 하는가?

우리는 이성을 믿으면서도 그 이성을 불신할 수밖에 없고, 계몽은 지금 여기에서 그 너머로 나아가야 한다. 나날의 경험을 부단히 질의하고 검토하면서도, 그러나 그 바탕에는 어떤 믿음 — 일관된 믿음을 아니

가질 수 없다. 나는 '사유의 자기갱신', '이성의 자가
증식', '반성의 이중 운동'을 떠올린다. 그렇듯이 이
성의 이성 비판과 이성 초월을 생각한다. 감성과 이성
의 교차를 떠올리고, 이런 교차를 통한 삶의 고양가능
성을 생각하는 것도 그런 맥락에서다. 주체는 대상을
비판하면서도 이렇게 비판하는 자기 자신도 비판해야
하고, 이렇게 비판하듯이 세계도 자신처럼 사랑해야
한다. 그러면서 이 비판과 사랑은 모든 비루함과 저열
그리고 속됨을 넘어, 마치 에로스의 사다리처럼, 좀더
높은 단계로 이행해 가지 않으면 안 된다. 그리고 이
모든 경로는 무엇보다도 지금 여기의 삶을 '북돋는'
것이어야 한다. 즉 즐거워야 한다. 삶은 마땅히 즐거
워야 하고, 매일매일 즐거워할 만하며, 또 그렇게 즐
거워해도 좋을 자격이 인간에게는, 모든 생명에게 그
러하듯이, 있다.

그런 삶을 위해 필요한 것은 항구적 자기성찰인지
도 모른다. 이 항구적 반성 속에서 우리는, 마치 '영
구 평화'나 '영구 혁명'에서처럼, 자기 삶의 형식을 조
금씩, 아주 조금씩 부단히 갱신하고 변형해갈 수 있을
지도 모른다. 그래서 살아 있는 모든 것들에게 원래적
으로 주어진 경험 세계의 질적 풍요로움을 회복할 일

**항구적
자기성찰**

이다. 그것은 아마도 '반성과 실천의 부정변증법적 운동'이 될 것이다. 이러한 쇄신을 설득력 있게 지속할 수 있다면, 나와 우리는 스스로 '윤리적'이라고 해도 좋을 것이다. 지금 있는 야만과 다가오는 야만에 주의하는 것, 그리고 이 같은 야만에 저항하기 위해 삶의 도덕적 기초를 튼튼히 하는 것이 오늘날의 계몽주의 재검토에서 절대적으로 필요하다.

Ⅳ. 오늘날의 계몽기획 — 그 시작을 위하여

오늘날의 계몽기획 ─ 그 시작을 위하여

'계몽주의 사상과 그 비판'이라는 주제를 우리는 여러 가지 방식으로 다룰 수 있다. 필자는 소크라테스로부터 시작하여 르네상스 시대를 지나 칸트에 이르기까지, 그리고 칸트의 계몽주의에서 시작하여 호르크하이머와 아도르노의 『계몽의 변증법』에 이르기까지 계몽주의 정신의 역사에서 그 핵심은 무엇이고, 그 의의는 오늘날 어떻게 재구성될 수 있는가를 살펴보았다.

여기에서 추출해낸 하나의 핵심은 칸트의 '자기를 규정하는(sich bestimmen)' 능력이었고, 이것은, 더 풀어쓰면, "스스로 생각하기(selbst denken)"가 된다. 18세기 계몽주의 정신은, 그 유파나 사상가 혹은 이들 사상가의 저작에서 조금씩 차이가 있는 채로, 결국 자기를 돌아보고 현실을 분석하는 이런 비판적 사고력에 뿌리박고 있다. 이 사고력은, 카시러가 지적하였듯이, 단순히 '성찰'하는 데 그치는 것이 아니라 삶을 '만들어가는' 데 있다. 그런데 이 계몽주의적 형성력은 근대에 나타난 현상이라기보다는 좀더 먼 기원을 갖고 있다. 자기의식과 개체해방에 대한 관심은 계몽주의 사고의 르네상스적 형식이라고 할 수 있고, 삶에 대한 인간학적 물음은 계몽정신의 소스라테스적 버전이라고 할 것이다.

그리하여 인간에 대한 소크라테스적 관심은, 거꾸로 보면, 르네상스의 자기사고/자기의식을 지나 계몽주의의 자기형성적 사회비판적 계기로 이어졌을 것이다. 이 기나긴 계몽주의 사유의 역사를 지탱하는 것은, 더 줄여 말하면, '스스로 생각하기'의 전통이 된다. 이런 전통은 파시즘의 현대사를 겪으면서 파국적 재난을 겪는다. 그리하여 이성은 이제 기존과 전적으로 달라야 하고, 계몽 역시 더 유연하고 더 철저하며 더 면밀하지 않으면 안 된다. 말하자면 오늘날의 계몽은 단순히 계몽이 좋다거나 나쁘다가 아니라, 또 계몽의 빛과 그늘에 대한 이분법적 접근이 아니라, 역사적 계몽의 도식화된 틀을 넘어 계몽비판의 계몽이어야 하고, 계몽 너머의 계몽이어야 한다. 그렇듯이 오늘날의 이성 역시 이성비판의 이성이고, 이성 너머의 이성이어야 한다. 이런 관점에서 지금 여기의 우리 사회로부터 시작해 보자.

오늘의 한국 현실

최근 들어 이른바 '미투(me too, 나도 당했다)' 운동이 한창이다. 그 주체는 대부분 여성들이고, 주제화되고 있는 것은 성추행이나 성폭력이다. 이들의 고백과 고발로 인해 연극계와 문단의 원로라는 분들이 하루아침에 불명예와 수치의 나락으로 떨어지고 있다. 어디 연극계와 문단뿐이겠는가? 영화계나 학계 혹은 정치계 등 다른 분야도 그와 크게 다르지 않다.

미투 현상

대북특사가 평양을 방문하고 돌아오던 어제(2018. 3. 6)는 하루 종일 전 충남지사의 성폭력 문제로 시끄러웠다. 이것은 그의 비서이던 한 여자수행원의 폭로

스스로 생각하기의 전통

로 드러났는데, 이 때문에 민주당은 차기 대통령 후보의 하나로 거론되던 그 지사를 당에서 제명하였다. 이번 특사의 방문으로 합의된 4월 말 남북정상회담은 지난 10년 동안 경색된 남북관계를 풀게 될 의미심장한 정치적 사건이 될 터이지만, 미투 운동에서 드러나는 우리 사회의 후진성은 사실 정치에서의 이런 대사건보다 사소하진 않을 것이다.

이를테면 연희단 거리패는 내가 애정을 가지고 있던 그런 성실하고 자기색채가 뚜렷한 연극단체의 하나였고, 그래서 서울의 대학에서 교양수업을 할 때면 한 학기에 한 번 정도 학생들과 함께 대학로의 가마골 극장으로 연극을 보러 다니곤 하였다. 그리고 가끔은 시인 기형도가 '문화게릴라'로 불렀던 그 유명한 연출가를 모시고 그날 공연된 작품에 대해 학생들과 토론하는 시간을 갖기도 하였다. 또 정치가의 경우에는 내가 관심을 갖고 지내던 그런 인물이기도 했다.

성폭력은 사회관계적 차원에서 보면 힘 있는 자가 그보다 약한 사람에게 자행한 이른바 '갑질' 행위에 해당될 것이고, 관습적으로는 남성적 가부장주의와 관련될 것이며, 인권적 차원에서는 상대편의 권리를 무시하는 비인간적 행위가 될 것이다. 어느 쪽이건 그것은 타인에 대한 존중보다는 하대하고 무시하려는 못난 짓이 아닐 수 없다. 타인에게 어떻게 말하고, 이때의 말이 무슨 내용을 담고 있는가에서 뿐만 아니라, 그 이전에, 이때의 어조와 표정과 태도에서 이미, 물론 정도의 차이는 있지만, 인권유린적 요소가 들어있을 수도 있다. 그리고 이 인권유린에는, 앞서 적었듯이, 남성적 권위주의나 권력횡포도 겹쳐있다.

미시권력의 오남용

이런 갑질 횡포의 핵심에는 말할 것도 없이 권력의 오남용이 있다. 권력은, 자주 지적되듯이, 그 자체로 나쁜 게 아니다. 힘의 집중, 그리고 이렇게 집중된 것으로서의 힘은 필요하다. 특히 합법화된 힘으로서의 권력은, 정치이론에 나오듯이, 법질서의 유지와 정치체제의 정립에 필수불가결하다.

문제는 권력의 중성화, 즉 투명화다. 중요한 것은 합법적으로 위임된 권력을 어떻게 정당하게, 그리하여 일체의 오용과 남용 없이, 행사할 수 있는가를 고민하는 일이다. 이것은 공동체 전체에 해당하는 중대한 사안이지만, 개인적 차원에서 그것은 어떻게 되는가? 그것은 내게 주어진 작은 영역과 좁은 관계 안에

스스로 생각하기의 전통

서의 힘을 어떻게 함부로 휘두르지 않을 수 있는가에 달려있다. 그런 이유로 그것은 집단적 차원에서보다 더 어려운 일인지도 모른다. 개인의 힘의 사용은 일상의 차원에서 훨씬 작으면서도 다양하고 미묘하게 이뤄지기 때문이다. 이것은 최근에 불거진 대한항공의 이른바 '갑질 사건'에서도 잘 나타난다. 물컵 던지고 소리 지르고 막말하고… 어디 이들 뿐인가?

개별적 차원에서 미시적 힘의 오용을 막는 것은 사실상 더 어렵다. 이를테면 낯선 사람과의 만남에서 우리는 나의 위치나 입장에 있을 수 있는 유리한 점을 남용하지 않을 수 있는가? 혹은 그렇게 이용할 때, 어느 정도까지 자제할 수 있는가? 예를 들어 시장에서 물건을 사거나 백화점에서 고객으로 쇼핑을 할 때, 나는 그곳 점원에게 아무렇게나 말하거나 부르거나 시키지 않는가? 혹은 선생으로서 나는 학생들과의 만남에서 꾸짖거나 무안을 주거나 명령하는 일은 없는가? 혹은 집에서 아이나 아내에게 할 때 내 말과 태도는 어떠한가? 이메일에서 어떤 사람과 연락을 주고받을 때는? 힘의 정당성은 그 힘의 비자의적 사용 여부에서 비로소 확보될 수 있다. 그렇다면 권력의 오남용 문제는 크게 보아 사회적 관습의 문제이지만, 작게는 개별윤리적 태도의 문제가 된다. 이 모든 것은 아마도 가장 작고 개인적인 일 ─ 자기감정을 다스리는 일로 귀착될 것이다.

위계화된 질서

내가 말하고자 하는 것은 삶의 관계가 이 땅에서는, 의식적이든 무의식적이든, 위계화되어 있고, 이 위계화된 질서 아래 '명령'과 '지시'의 언어는 거의 일상화되어 있다는 사실이다. 한국 사람들은, 내가 보기에, '～했으면 좋겠다'거나 '～하는 게 어떻나'라고 말하기보다는 '～해라' 혹은 '～을 해야 한다'는 문장을 더 자주 쓰는 것 같다. 그렇듯이 '～이다'나 '분명 ～하다'와 같은 단정적 종결어를 즐겨 쓴다. '～일지도 모른다'라고 말할 때처럼, 조심해서 추측하는 표현은 일상어 사용에서 상당히 드물다. 평서문보다는 명령문을 많이 쓰고, 양보문보다는 주장과 당위의 진술을 더 자주 한다.

똑같은 논리로 권력의 오남용도, 그 힘이 크든 작든, 혹은 그 영역이 넓든 좁든, 위계화된 질서에서 힘을 가진 자의 당연한 권리로 행해지지, 그것이 문제 있다고 스스로 생각되지 않는다. 권력은 반성을 모른

**권력은 반성을
모른다**

다지만, 한국에서의 힘은 특히 무반성적이다. 거꾸로 반성을 알면 권력은 더 이상 권력이 아닐 지도 모른다. 앞서 말한 성폭력이란 것도, 적어도 그 가해자에게는 자기에게 주어진 권리의 행사이고, 우월한 위치에 선 자로서 누리는 특권의 당연한 향유로 간주될 것이다. 그러니 이런 태도에 성차별에 대한 주의나 젠더 의식 같은 것은 자리하기 어려울 것이다.

우리는 그럴듯한 지위와 말쑥한 외모를 가진 사람이 처음에는 점잖게 말하고 행동하다가 시간이 지나면서 언행 사이의 심각한 불일치를 점차 드러내는 경우를 드물지 않게 목도한다. 혹은 어떤 모임에서 무슨 말이라도 자기가 맨 먼저 해야 한다고 생각하거나, 거론된 사안의 결론은 자기가 반드시 해야 직성이 풀린다고 여기는 사람들을 흔히 보지 않는가? 그들은 단체 사진을 찍을 때에도 으레 맨 중앙의 가운데 자리로 가서 당연한 듯이 앉는다. 이런 사람일수록 모임에는 가장 느지막이 나타나고, 헤어질 때면 맨 먼저 자리를 빠져나간다.

이런 사람들의 행동은 사건과 상황에 따라서, 그리고 만나는 사람의 성격이나 종류에 따라, 또 이들이 속해 있는 분야에 따라 너무도 다양하고도 미묘하게 드러난다. 그것은 개인적으로도 나타나지만 사회적으로도 나타나고, 인간관계적으로도 나타나지만 사회관습적으로도 확인되며, 세태적으로나 시대적으로도 일정한 형태로 통용되기도 한다. 어디서든, '왕초'노릇을 하려는 사람들이 있는 것이다. 단순히 있는 것이 아니라 많고, 어쩌면 '아주 많다'라고 말해야 하는지도 모른다. 이것이 한국 사회의 후진성을 보여주는 하나의 단면이라면, 이 단면은 어떤 특정한 부류의 특정한 사람에게서만 일어나는 것이 아니라, 곳곳에 편재하는 사실이기도 하다. 미시권력의 남용은 거대권력의 횡포 이상으로 무섭다.

미시권력의
남용

구조적 후진성

미투 현상에서 고발된 성폭력의 문제는 말할 것도 없이 범죄행위다. 그것은 당사자의 동의나 자유의사 아래 이뤄진 것이 아니라, 강압에 의해 일어난 일이기 때문이다. 따라서 법적으로 해결되어야 한다. 그러나 이것은 미투 운동에서 거론된 사람들만의 일일까?

성을 둘러싼 문제에는, 미투 운동이 보여주듯이, 성폭력이라는 범죄가 있고, 에로스의 문제도 있으며, 여기에 더하여 관능과 쾌락의 문제도 겹쳐 있다. 조금

더 넓게 육체와 몸의 문제도 자리한다. 이 모든 문제는 제각각으로 별개의 것으로 자리하는 듯 보이지만, 사실 서로 포개져 있는 것이기도 하다. 그리하여 이것은 한 공동체의 오랜 경험과 이런 경험의 관습적 이해 속에서 누적된 채 자리한다. 관습(ethos)이란 이렇게 쌓인 전통에서 생겨난 사회규범의 이름이고, 윤리(ethics)는 이런 규범의 일상화된 형태에 다름 아니다. 이 규범은, 한국 사회의 경우에, 철저한 물질주의 — 돈과 권력과 출세와 지위를 중심으로 돌고 돈다. 성폭력의 폭력성에 대한 둔감성 역시 이런 과잉물질주의, 혹은 이 물질주의에서 생겨난 지배욕과 과시욕의 결과일 것이다.

이런 관점에서 보면, 미투 운동의 고발대상은 연극연출가나 정치가, 배우나 영화감독만의 문제가 아니다. 그것은 남성주의와 권위주의 그리고 이에 편승한 폭력성의 편재화라고 불러도 좋을 것이다. 이 편재화된 폭력의 횡포는 우리 사회의 구조를 후진적으로 만든다. 이 후진성을 칸트적 용어를 빌려 '미성숙(Unmündigkeit)'이라고 한다면, 한국 사회의 후진성은 이 미성숙의 편재화에 있다.

미성숙이 편재화되었다는 것은 그것이, 앞서 적었

폭력성의 편재화, 미성숙의 편재화

듯이, 사회의 각 분야에 걸쳐 있다는 것이고, 이렇게 걸쳐 있을 뿐만 아니라 곳곳에 배어있다는 뜻이기도 하다. 그것은 사람과 사람 사이에서 '사회적'으로 나타나는 것이면서, 사회 전체에서 '관습적으로' 행해지는 것이며, 이 사람들의 하나인 각 개인에게도 '개별적으로' 실행된다. 즉 개인을 구성하는 말이나 행동 그리고 정신과 영혼 속에까지 깊게 침윤되어 있는 것이다.

미투 운동에서 지적된 성폭력 문제가 법적으로 처리되어야 한다는 사실은 자명하다. 그러나 성의 문제에 에로스 같은 육체적 본능의 문제가 겹쳐있다면, 이 문제의 해결은 쉽지 않다. 성의 문제에서는 억압 자체가 불가능할 지도 모른다. 그만큼 복잡한 사안인 것이다.

육체를 짓밟지 말자

다시 정리하자. 살-육체-몸이 중요한 것은 더 말할 나위가 없다. 더욱이 그 육체가 아름답다면? 그것은 엄청난 유혹과 환상과 착시의 원인이 된다. 우리는 관능적 육체의 풍요로움 앞에서 얼마나 무기력하게 넋을 잃고 마는가? 성의 유혹에서는? 인간은 몸의 아름다움을 무시할 수 없고, 육체의 관능을 여전히 예찬

스스로 생각하기의 전통

하며, 성의 쾌락에 수긍하고, 환락의 은밀한 밤을 꿈 꾸기도 한다. 그러나 이런 것이 굳이 아니더라도 육체 는 중요하다. 하늘나라가 아니라 지금 여기가, 내세가 아니라 지금 여기의 현존적 삶이 살아 있는 사람의 모 든 활동적 준거가 아닌가?

육체에 대한 사랑은 마치 대지에 대한 사랑처럼 삶 에서 근원적이다. 이 육체가 정신보다 우월하다고 말 하기는 어려울 지도 모른다. 그러나 그것이 정신보다 우선적이라는 것도 자명하다. 몸이 마음에 앞선다. 그 리하여 몸의 즐김은 정신의 모험만큼이나 중요하다고 할 수 있다. 바로 그러기에 '즐김의 적정선'을 유지하 는 것은 더 중요하다. 시와 예술도, 따지고 보면, '적정 하게 완화된' 쾌락의 일종이다. 그것은 단지 기존과는 다른 식으로 순치된 하나의 변주형식이다. 적절하게 제어되지 않는다면, 그 어떤 아름다움도 타락한다. 더 욱이 육체는, 특히 여성의 그것은, 미투 운동에서 보듯 이, 권력 아래 쉽게 유린될 수 있다. 짓밟힌 육체는 아 름답기 어렵고, 관능과 쾌락으로부터도 멀어진다. 어 느 한 쪽만의 욕구충족인 데다가 강압적으로 이뤄지기 때문이다. 육체와 타락, 관능과 추(醜)는 서로 가깝다.

그러므로 중요한 것은 우리가 어떻게 우리의 삶과

그 어떤 아름다움도, 적절하게 제어되지 않는다면, 타락한다

육체를 유린되지 않은 채로 유지할 것인가이다. 몸을 통해 삶을 즐길 수 있다면, 육체와 향유는 동일근원적이다. 지금 여기의 삶은 긍정되어야 한다. 노동의 나날은 아마도 이런 쾌락 — 사람 숫자만큼이나 다양하게 변주되는 쾌락의 서로 다른 형식을 지향하고, 그 형식을 위한 예비단계일지도 모른다. 루벤스(Rubens) 그림에 사람들이 환호하는 것도 그런 이유에서일 것이다. 그것은 육체의 관능에서 드러나는 삶의 기쁨을 긍정하는 것이었다. 육체의 긍정은 1600년대 이후 본격적으로 시작되는 삶의 세속화 — 합리화된 근대성의 표현이기도 하였다.

그렇다면 편재화된 미성숙에 대응하는 방식 역시 전면적이어야 한다. 즉 구조적 미성숙에 대응하는 합리적 방식도 구조적이고 전방위적이어야 한다. 그러니만큼 한두 사람의 습관을 고치거나 한두 가지 제도를 고친다고 우리 사회의 후진성이 개선되기는 어려울 것이다. 전체 혹은 구조를 체계적으로, 그것도 오랜 시간에 걸쳐 고쳐가야 한다. 그래서 제도의 개선처럼, 사람의 성격과 행동방식 그리고 사고방식 모두를 하나하나씩 고쳐가야 한다. 내가 문화를 떠올리는 것은 그런 이유에서다. 문화가 바뀌어야 사람들의 행동

스스로 생각하기의 전통

전체도 바뀌고, 행동 전체의 변화 속에서 관습도 바뀐다. 한 사회의 문화란 이 사회에 사는 모든 구성원이 서로 어우러져 만들어내는 삶의 총체 — 말과 생각과 행동과 기록과 꿈과 의미의 총체이기 때문이다.

항구적 미성숙으로부터 벗어날 수 있는가?

　서구 계몽주의 사상의 경과를 살펴보면, 앞에서의 글에도 적었듯이, 그것은 1700~1800년대에 이뤄진 산업화와 도시화와 더불어 펼쳐지지만, 그 앞선 형태는 르네상스 인문주의에서도 드러나고, 그 기원은 소크라테스와 플라톤의 고대 그리스 철학에까지 올라간다. 그 핵심은 '자기에 대한 의식 속에서 어떻게 삶의 형식을 스스로 만들어갈 것인가'라는 문제에 있다고 할 수 있다.

　자신의 삶을 어떤 다른 누군가가 대신하는 것이 아니라 자기가 주체가 되어 그 삶을 만들고 조직해가는 것 — 이 형성과 조직의 권리야말로 인간됨의 권리라는 것이다. 삶은 그저 주어진 대로 영위되는 것이 아니라, 그래서 신의 '섭리'나 '운명'에 따라 만들어지는 것이 아니라, 내가 이 삶에 직접 개입하여 선과 덕 (virtue)을 스스로 만들어가면서 좀더 높은 단계로, 말하자면 좀더 높은 진선미의 단계로 이행해 가는 것에 인간의 자유가 있고, 인간의 인간됨으로서의 가치가 있다. 르네상스의 후마니타스(humanitas)라는 것도 자기 삶의 이 형성적 원리와 다른 게 아니다. 자유란 곧 상승적 이행의 움직임이다.

인문정신의 핵심은 상승적 이행을 통한 변형에의 의지에 있다. 어떤 일정한 단계에 고착되는 것이 아니라, 이렇게 고착되어 자족하는 구태의연한 삶이 아니라, 어떤 하나의 단계로부터 좀더 나은 다른 단계로 지속적으로 쇄신시켜가지 못한다면, 그래서 더 주체적이고 자율적인 개인들로 구성되는 삶의 평화로운 질서를 만들어가지 못한다면, 우리는 어디에서 희망을 구할 것인가? 자유가 평화로의 그런 상승적 움직임이 아니라면, 그 무슨 의미가 있을까? 우리가 근대성의 가치로 내세우는 자유의지나 자발성, 자기의식이나 주체성도 이런 움직임에서 나온다고 할 것이다.

물론 이 인간적인 것들의 근대적 가치가 정말 있는 것인지, 만약 있다면 얼마나 참된 것인지, 아니면 그것은 허구적 구성물에 불과한 것인지를 우리는 계속 물어야 한다. 그것은 완결된 물음이 아니기 때문이다. 그러나 그와는 별도로 이 근대적 가치가 만약 있다면, 이런 발전적 경로에서 칸트는 하나의 매듭을 이룬다.

칸트의 문제의식

칸트의 철학은 엄밀하고 복잡하다. 이 자리에서 필자가 그 철학의 의미를 다 논평할 수는 없다. 여기서 시도하는 것은 단지 네 가지 — 첫째, 세계에 열린 변방인으로서의 그의 삶과, 둘째, 그의 철학의 근본성격으로서의 비판적 계기, 셋째, 자기사고의 의미와, 넷째, 평화적 질서에 대한 생각만 간단히 스케치해보자.

세계개방적 변방인

칸트를 생각하면 떠오르는 것은 '비판'과 '이성', '계몽'과 '성숙성', '자유'와 '자율성', '자기규정'과 '자기사고' 같은 단어들이다. 아니면 '자율성'과 '책임' 같은 말들도 있다. 그의 정언명령은 "너 자신의 준칙에 따라 행동하되, 그 행동이 보편적 법칙이 될 수 있도록 하라"는 것이었고, 또 다른 하나는 "이성적인 존재는 모두 각자와 모든 다른 이성적 존재를 단순

히 수단으로만 결코 다뤄선 안 되고, 언제나 목적 그 자체로 다뤄야 한다"는 것이었다.[45]

여기에는 개인의 행동이 단순히 개별적 주체에 그치는 것이 아니라, 객관적이고 보편적이어야 한다는 윤리적 요구가 들어있고, 모든 인간은 다른 모든 인간을 수단으로써가 아니라 목적 자체로 다뤄야 한다는 인간 존엄성에 대한 의식이 들어있다. 이 두 가지는 모두 인류사적으로 중대한 가치가 아닐 수 없다. 그 뿐인가? 그는 '세계시민'이나 '국제연맹(Völkerbund)', '세계시민사회(weltbürgerliche Gesellschaft)'나 '영구평화'같은 정치사상적으로 매우 중대한 이념의 기초를 다져놓았다.

칸트는 1724년에 태어나서 1804년에 죽었다. 그는, 이른바 3대 비판서가 나온 것이 1790년대이니, 지금으로부터 대략 250년 전의 사람이다. 그런데도 근대적 계몽적 인간의 핵심을 얘기했을 뿐만 아니라, 인류가 앞으로 만들어 가야 할 공동체의 모델을 입안해 놓았다. 놀라운 사상가가 아닐 수 없다. 이런 대담한 생각을 그는 어떻게 하게 되었을까?

칸트는 잘 알려져 있듯이, 쾨니히스베르크(Königsberg) 출신의 촌사람이었다. 그는 이곳에서 태어나 이곳 쾨니히스베르크 대학에서 공부하였고, 이 대학에서 박사를 받았다. 아버지가 세상을 떠난 후 그는 가족을 부양하기 위해 6년 동안 가정교사로 돈을 벌기도 했다. 31살에 박사학위를 받은 그는 출중한 학자였으나, 그 이후 15년 동안이나 가난한 강사생활을 했다. 그 생활은, 잘 알려져 있듯이, 저녁 10시에 잠자리에 들고 새벽 4시 45분에 일어나는 지극히 규칙적인 것이었다. 이 도시의 많은 사람들이 그의 외출을 보고 시계를 맞췄다는 속설은, 칸트를 전혀 읽지 않은 사람도 이제는 알고 있을 정도다. 그는 강의나 산책 혹은 가끔의 모임 외에는 자신의 공부방을 떠나지 않았다.

칸트가 교수가 된 것은 1770년, 그러니까 그의 나이 46살이 되어서였다. 그는 일평생 쾨니히스베르크의 울타리를 넘어간 적이 없지만, 이 세상에서 무엇이 일어나는지, 왜 사람들은 끊임없이 싸우고 전쟁을 하며 적대적으로 살아가는지, 그리고 이런 적대주의를 철폐하고 안정과 평화를 얻기 위해서는 무엇이 필요한지를 끊임없이 성찰하였다. 그가 '연방주의'나 '국제연맹' 같은 합법적 정치질서를 생각해낸 것은 그런 이유에서였다. 하지만 칸트는, 헤겔이 지적하였듯이, 국제기구의 설립 역시 강대국의 이해관계에 따라 얼

스스로 생각하기의 전통

마든지 자의적으로 오용될 수 있다는 사실을 직시하지 못하였다. '영구평화'란 인문주의자의 멋진 이상일 수 있어도, 크고 작은 힘과 관심의 각축장인 현실에서는 궁극적 목표가 되기 어렵다.

그럼에도 칸트는 이런 고민의 구체화를 위해 끊임없이 읽었다고 전해진다. 고교 시절 이후 그의 지식욕은 두드러지는 것이었고, 그 시절의 많은 학자들이 그러하듯이, 고전어를 배우는 것 외에도 철학과 수학 그리고 자연과학도 공부하였다. 독서에 대한 그의 열정은 청년시절 이후 이미 유명하였다. 그는 지리학에 대해 강의하였고, 국제 무역로나 통상로에도 정통했다고 한다. 그는 읽는 것이 무엇이든 스폰지처럼 흡수했다. 그의 가장 친한 친구는 영국인 무역업자였던 조셉 그린(Joseph Green)이었다고 한다. 또 프랑스 혁명기에는 최신 책자를 구해보고자 수 킬로미터를 매일같이 걸어 다녔다고 전해진다.[46] 그는 세계 곳곳에서 자행되는 탈법적 위법적 현실을 주시했고, 식민지 강대국의 학살도 알고 있었다. 국가나 민족 그리고 언어를 넘어서는 칸트의 놀라운 보편주의는 이런 현실탐구 속에서 획득되었을 것이다.

대상에 대한 인식은, 칸트가 보기에, 대상 자체가
아니라 대상에 대한 인간의 관점 — 그의 인식방식과
지각형식에 의해 결정되는 것이었다. 그러니까 대상
의 '객관성'은 대상 자체로부터 만들어지는 것이 아
니라, 대상에 대한 인간 — 주체의 인식으로부터 구성
된다. 그는 대상 자체에 골몰하는 철학자의 말을 믿지
않았다. 이것이 이른바 '인식이론에서의 코페르니쿠
스적 전환'이다.

이런 식으로 칸트는 대상 자체가 아니라 대상에 대
하여 인간이 어떻게 지각하고 인식하는지를 극도로
꼼꼼하게 하나하나씩 잘게 검토해 나간다. (그래서 그
를 흔히 독일어로 "Alleszermalmer" — "모든 것을 마치
가루가 되도록 잘게 씹어 대는 사람"이라고 칭하기도 한
다.) 이렇게 검토하는 심급은 물론 이성이다. 이제 '세
계'나 '영혼' 혹은 '신'은 더 이상 그 자체로 존재하지
않는다. 그것은 인간이 투입한 어떤 이념 — 무엇인
가 규정하고 조정하기 위해 사용되는 지시 혹은 규약
일 뿐이다. 즉 '규제적 조정적(regulative) 이념'일 뿐
이다. 그렇듯이 현상의 질서도 그 현상에 대해 주체/
인간이 투입해 넣는 결과물이다. 이런 비판적 태도는,

당시 프로이센의 검열당국의 관점에서 보았을 때, 무례하기 짝이 없는 불경스런 행동이었다. 당국은 칸트가 기독교를 모욕했다고 비난하였다. 그래서 그는 종교와 관련된 저술활동이 금지당한다.

그러나 칸트가 시도한 이런 일련의 비판적 관점 속에서 철학은 더 이상 신학의 시녀이길 멈추고, 종교로부터 마침내 해방된다. 이런 철학사적 전환을 지탱하는 그 가장 깊은 뿌리에는, 나의 판단으로는, '스스로 생각하는' 일이 있다. 나는 이 점을 강조하고 싶다.

자기이성의 사용

칸트의 철학은 흔히 고도로 추상적이라고 얘기된다. 그래서 그의 이성주의는 아무런 핏기도 활기도 없다고 비난되기도 한다. 그런 면도 부정하기 어려울 것이다. 그의 글이 가진 엄밀한 체계성은, 예를 들어 3대 비판서의 목차만 들여다봐도, 금세 드러난다. 그것은 너무나도 논리정연하게 그리고 절차적으로 전개되는 까닭에 답답하고 지루한 느낌을 주기도 한다. 어쩌면 그것이 심하여 질식할 듯한 느낌이 들 때도 있다.

그러나 그렇다고 칸트의 사상에 피와 살이 없는 것은 아니다. 더욱이 그것이 현실이반적인 것은 더더욱 아니다. 이성은 비판적 검토를 위해 필요하기에 끌어들여온 것이지, 그 자체로 칭송하기 위해 거론되는 것은 아니다. 칸트 글의 곳곳에는 사실 구체적 사례가 수없이 열거되어 있다. 그것이 때로는 고답적인 문체로 표현되긴 하지만, 삶의 흔적이 녹아있다.

칸트 철학을 이루는 것은 물론 3대 비판서 ―『순수이성비판』과 『실천이성비판』 그리고 『판단력 비판』이지만, 이 저작의 근본정신을 추동하는 계기는 이성에 대한 믿음이다. 이 믿음은, 「계몽주의란 무엇인가에 대한 답변」(1874)에서 드러나듯이, 계몽주의의 핵심을 이룬다. 계몽의 정신은, 줄이면, "자기자신의 지성을 사용할 수 있는 결단과 용기"에 있다. 이런 결단과 용기는, 더 줄이면, '스스로 생각하는(selbst denken)' 데서 온다. 스스로 생각하면서 사실을 존중하고, 자기자신의 가정과 확신을 회의적으로 재검토하는 일이다. 그것은 반성력이 하는 일이다. 스스로 생각하는 데서 인간의 인간됨의 전체 ― 자유와 권리와 도덕과 윤리가 나오고, 그의 위대함과 존엄성이 나온다. 거꾸로 비근대성 혹은 반근대성이란, 칸트적 맥락에서 보면, 자기자신의 지성을 사용하지 않는 것이다.

칸트는 스스로 생각하지 못하는 것 ― 자기규정의

무능을 '미성숙'이라는 개념과 연결시켰다. "자기지성을 사용할 수 있는 결단과 용기의 결핍"은 미성숙의 증거다. 이 미성숙은 당사자가 원해서 된 것이고, 따라서 "자기에게 책임이 있는(selbstverschuldet)" 것이다.(독일어로 Schuld란 '빚'이나 '채무' 혹은 '죄'라는 뜻을 갖는다.) 미성숙이란 다른 누구에 대해서가 아니라 자기에게 빚진 것이고, 그 때문에 자기책임이다.

흥미롭게도 칸트는 이 미성년의 상태가 불편한 것이 아니라 "편안하다"고 적는다. "미성년으로 지내는 것이 편안하다." 생각 없이 사는 것은 편안하기 때문이다. 먹고 마시고 배설하고 소비하며 살아가는 것은 더없이 안락하지 않은가? 거기에는 아무런 생각이나 고민이 없어도 되기 때문이다. 그러나 모든 일에는 대가(cost)가 있다. 이 안락함은 동물적 안락함이다. 생각 없는 삶은 인간의 '삶'이 아니라 금수(禽獸)의 '생존'이다. 동물적 안락에서는 반복만 있고 발전 혹은 성숙은 없기 때문이다. 반성하지 않으면 기계적 반복 속에서 항구적 퇴락해갈 뿐이다. 여기에 쇄신의 기쁨 — 스스로 만들어가는 창조의 활기는 없다.

"인간이 된다(Menschwerdung)"는 것은, 칸트적 의미에서, 이런 "자기채무적 미성숙으로부터" 벗어나는 것이다. 인간은 자기가 믿는 것에 대해서도, 그것이 신앙이든 진리든, 스스로 규정하고 결정할 기회를 가져야 하고, 그렇게 결정하지 못한다면 그 어떤 믿음이나 진리도 가치 없다. 그러므로 주체가 된다는 것은 여하한의 안락한 후원이나 외적 강제 혹은 지배 없이 홀로 외롭게 그리고 스스로 결정하고 책임지는 데 있다.

인간이 된다는 것은 "자기채무적 미성숙으로부터" 벗어나는 것

칸트의 공화국 시민

칸트가 지속적으로 자유와 평등, 자율과 책임을 말하였다면, 그것은 이 자유가 훼손되고 삶의 평등이 이뤄지지 않았기 때문이었을 것이다. 그가 계몽정신의 지향점으로 성숙과 인권을 말하였다면, 그것은 삶의 세계에서 인권이 유린되고 사람이 미성숙하기 때문이었을 것이다.

그리하여 이성의 정신과 이 이성을 통한 비판적 검토는 개인의 자유를 위해서뿐만 아니라 공동체의 평화적 질서를 위해 불가결하다. 이 질서란, 구체적으로 말하여, 공화주의 헌법이나 자유로운 국가들의 연방주의 혹은 국제연맹이었다. 인간의 여러 가지 악들 ─ 어리석음이나 허영, 지배욕이나 파괴성향은, 그가 보기에, 법적 테두리를 요구하는 것이었다. 사실

오늘날의 독일헌법 뿐만 아니라 유럽연합 관련법이나 미국의 헌법에는 그의 사상이 남긴 여러 흔적이 녹아 있다. 이런 칸트적 이념은 그 자체로 '근대 프로젝트'의 핵심가치를 이룬다. 결국 그에게서 남는 것은 무엇일까? 그에게서 우리가 궁극적으로 배울 수 있는 것은 무엇인가?

칸트의 사상은 복잡하기 이를 데 없지만, 그 핵심은 아마도 한 가지 — 자기사고와 평화질서로 요약될 수 있을 지도 모른다. 자기사고가 주체적 개인의 책임이라고 한다면, 평화질서는 이성적 공동체의 지향점이 될 것이다. 칸트 사고의 뛰어난 점은 이 두 개의 축 — 개인과 사회, 자율성과 평화, 성숙과 법질서를 하나로 결합시킨 데 있는 지도 모른다. 개인의 자기사고는, 그것이 제대로 된 것이라면, 공동체의 법질서와 세계의 평화로까지 나아가야 한다. 좀더 나은 것으로의 전진, 그것이 이성의 힘이다. 이런 이성을 체화한다는 것은 성숙한 시민으로, 그리하여 공화국의 건전한 시민으로 살아간다는 뜻이 될 것이다.

여기에서 다시 한번 주의할 것은 이런 공화국의 시민으로 나아가는 출발점이 '자기'로부터 시작한다는 사실이다. 이때 자기란 '스스로 생각하는 능력을 가

진 자기'다. 계몽의 사고는, 거듭 강조하여, 나 – 주
체 – 자기로부터 시작한다. 근대적 가치의 핵심이 주
체의 자기의식과 자기결정에 있다면, 근대적 인간의
인간됨 역시 자기결정의 이 용기에 있을 것이다. 칸트
의 사상에서 하나의 뛰어난 점은 국제적 평화질서에
대한 그의 희망이 '자기규정'에서 시작한다는 점이다.

쇄신하는 기쁨

인간의 현실에는 다양한 삶이 있지만, 각 개인에게
는 각자의 삶이 있다. 그리고 이 삶은 철저하게 자기
체험의 삶이다. 우리는 자신의 느낌과 지각과 사고 속
에서 자신을 넘어 타인으로 넘어가고, 이 타인과 타인
들 사이에서 타자성의 일부를 가늠한다. 우리는 끊임
없이 나로부터 시작하여 나를 떠나 다른 곳을 떠돌며
세상의 사물과 만난다. 우리는 우연과 경이 속에서 사
람과 사물을 만나지만 결국 자기자신으로 돌아오고,
이렇게 자기로 돌아온 후에 다시 자신을 또 떠나간다.
인간이 체험하는 것은 어쩌면 자신과 그 가능성일지
도 모른다.

그렇다면 중요한 것은 이 운동 — 떠나감과 돌아옴,
나와 너, 자기와 타자 사이에 이뤄지는 왕복운동이고,

이 왕복운동에서 이뤄지는 반성의 활성화이며 이 반
성적 에너지로 삶의 활기를 유지하는 일이다. 이런 활
기 속에서 삶을 보다 높은 단계로 끌어올리는 일이다.
보다 높은 단계로 '끌어 올린다'는 점에서 그것은 '상
승적'이다. 이 상승 속에서 그것은 하나의 형식으로부
터 그와 다른 어떤 형식으로 움직인다. 그래서 '이행
적'이고 '변형적'이다. 결국 인간은 상승적 변형의 실
천을 기꺼이 행한다는 점에서 '자발적'이고, 이 자발
적 이행 속에서 자기 삶의 보다 높은 진선미를 조금씩
실현해간다는 점에서 '윤리적'이다. 계몽의 정신은 바
로 여기 — 자발적 자기변형의 윤리적 실천에 있다.

칸트는 결코 몽상가나 공상가가 아니었다. 그는 이
렇게 썼다. "왜냐하면 우리는 더 나은 것을 향한 진보
에 있어 인간에게 너무 많은 것을 약속해선 안 된다."[47]
그는 현실을 직시하였고, 이 현실의 비참에도 불구하
고 더 나은 사회 — 보다 나은 평화적 질서의 가능성을
타진하였다. 그러므로 스스로 생각하는 일은 그저 생
각하는 일에 그치지 않는다. 우리는 스스로 생각하고
주변을 돌아보면서 삶의 현재를 가늠한다. 내가 어떻
게 살아가고, 이렇게 살아가는 것을 어떻게 느끼고 생
각하며, 이 느낌과 생각을 통해 어떻게 삶을 만들어 가

는지를 나는 검토한다. 이런 생각과 검토 속에서 우리는 항구적 비참과 끊임없이 반복되는 전쟁을 넘어 좀더 나은 삶의 형식(form)과 양식(style)을 염원한다. 그러니까 스스로 생각하는 일은 곧 삶의 보다 나은 양식을 조직하는 데로 이어진다.

이만한 즐거움이 삶에 달리 있을까? 삶을 노래하는 일보다 더 기쁜 일은 아마도 없을 지도 모른다. 그렇듯이 삶을 쇄신시켜 보다 높은 수준으로 만들어가는 일도 그러하다. 모든 살아 있음은, 아니 단순히 살아 있는 것이 아니라 좀더 나은 방향으로 살아가는 일은 모든 지혜보다 더 사랑스럽다. 예술은 바로 삶을 노래할 뿐만 아니라 쇄신해가는 한 즐거운 방식이다. 그리하여 그것은 '깊이 기뻐하는' 방법이기도 하다. 이 방법은 다시 깊이 생각하는 데서 온다. 스스로 생각한다는 것은 깊이 사고하면서 자기 삶을 만들어가는 것으로 이어지고, 이렇게 만들어가는 것으로서의 자유를 실천하는 삶이며, 이 자유로운 삶을 기뻐하는 깊은 향유의 방식이다. 결국 사고와 조직과 자유와 향유는 깊게 이어진다. 이 점에 자기반성력의 생산적 계기가 있다.

그러므로 삶은 마땅히 나날이 새로워질 필요가 있

스스로 생각하기의 전통

고, 이렇게 새로워지는 생활은 그 자체로 인간적이다. 쇄신은 재시작이고 재창조다. 그래서 보다 나은 것을 향한 열망에 어울린다. 인간 존재의 참다운 의미는 지속적 시작에 있는 것이다. 쇄신의 기쁨은 인간만이 향유하는 근원적 기쁨이다.

자유 = 책임의 자발적 수락

스스로 생각하는 일은, 되풀이하건대, 주체가 자신의 자유를 시작하는 일이다. 자기반성력을 통해 자기 삶을 꾸려나갈 때, 그것은 자유의 적극적인 행사요 실천이 아닐 수 없다. 삶의 적극적 구성행위만큼 자유를 극적으로 증거하는 일이 어디 또 있는가?

그러나 자유는 단순히 '자유의 행사'에 있는 게 아니라, '책임의 자각'에 있다. 자유의 완성은 자유의 계속적 실행이 아니라 의무의 자발적 수락에 있다. 책임 없이 자유가 없듯이, 의무 없이 자유는 주어지지 않기 때문이다. 그러므로 자유와 책임은 같이 간다. 이것은 얼핏 보아 이율배반적으로 보인다. 하지만 그렇지 않다. 자유와 책임은 단순히 '같이 간다'가 아니라, 자유는 오직 책임 속에 있어야 한다. 이 말은, 자유로 인한 책임의 가능성을 얼마나 그리고 어느 정도까지 받아들일 수 있느냐에 따라 자유의 가능성도 정해진다는 뜻에서다. 그리하여 자유는 책임을 스스로 수반할 때, 비로소 윤리적일 수 있다. 거꾸로 자유가 책임을 내팽 개친다면, 그것은 비윤리적으로 된다. 심미적 방법이 중요한 것은 이같은 자발성 때문이다.

예술은 강요하거나 지배하지 않는다. 그것은 각 개 인의 절실한 느낌과 마음으로부터 시작한다. 그러면 서도 그의 감각과 사고를 쇄신하는 것으로 이어진다. (이런 점에서 윤리적이다.) 그리하여 그것은 즐거운 일 이 된다. (이 점에서 예술경험은 즐김을 무시하거나 배제 하지 않는다.) 그것은, 마치 공자의 '즐거움(樂)'처럼, 정의(正義)나 도덕을 말하지 않으면서도 감각적 쾌락 을 넘어 더 넓은 삶의 향유로 이어진다. 예술의 경험 에서 삶은 보다 높은 진선미의 단계로 부단히 이행하 고 전환해가기 때문이다. 그리하여 예술에서의 변형 은 상승적 이행의 즐거운 변형과정이다. 이 변형적 과 정은 그 자체로 교양교육의 과정이다.(마르크스의 『경 제철학수고』의 바탕을 이루는 것은 서구의 지적 전통에 대 한 도저한 교양주의 — 누구도 견주기 힘든 그의 엄청난 소 화력이었다.) 그런 점에서 예술경험은 더 나은 삶을 위 해 '불가피하다'고 말해야 한다.

스스로 생각하기의 전통

이런 변형 속에서 선악과 시비(是非), 혹은 피아(彼我)의 이분법은, 극우파나 파시즘 좌파에게 보이듯이, 조금씩 극복될 수 있을 것이다. 극우보수의 문화적 장식주의와 마찬가지로 진보좌파들의 무교양주의도 지양되어야 한다. 책임의 자발적 수락도 이런 경로 속에서 이뤄질 것이다. 예술교육이 필요한 것도 이 때문이다. 예술의 반성적 경험 속에서 윤리와 향유는, 그 어느 하나도 배제하지 않은 채, 서로 뒤섞인 채 꿈틀댄다. 그리하여 주체는 예술에 기대어 어떤 강제나 지배 없이도 더 나은 상태로 이행해갈 수 있다. 이것이 심미적인 것의 비판적 성찰적 잠재력이다. 아마도 헤겔이, 칸트처럼 국제연맹이나 세계시민주의를 주창하기보다는, 종교나 철학 외에 예술에서 보편성을 본 것은 그런 이유에서였을 것이다.

지양되어야 할 두 가지—보수의 문화적 장식주의와 진보의 무교양주의

예술의 경험은, 누군가가 혹은 윗사람이 명령하거나 강요하는 것이 아니다. 그것은 각 개인이 스스로 찾고 기꺼이 느낀다는 점에서 '자발적'이고, 이 자발적 경험 가운데 자신의 감각과 사고를 쇄신시켜간다는 점에서 '변형적'이며, 이 변형을 통해 기존보다 좀 더 나은 단계로 이행해간다는 점에서 '윤리적'이다. 예술에서 우리는 자발적 금욕의 행복한 형성을 해나갈 수 있는 것이다. 어쩌면 욕망의 자기해방도 심미적 방식으로만 가능할 지도 모른다. 예술이, 마치 언어가 그러하듯이, 적지 않은 시인과 작가에게 최후의 준거가 되는 것은 그런 이유에서일 것이다.

반성운동 — 자유와 책임 사이에서

이 자발적 금욕주의 혹은 욕망의 자기해방은 오늘날 지극히 어렵다. 우리의 감각이나 사고는 오늘날의 문화산업에 의해 왜곡되어 있고, 또 대중인기주의(populism)에 의해 휩쓸려가기 때문이다. 어디에서도 쇄신이나 변형 혹은 감동이 일어나기 어려운 것은 물론이고, 변형이나 이행은 더욱 그러해 보인다. 심미성의 내면적 자발성을 말하기가 망설여지는 것이다.

자발적 금욕주의 혹은 욕망의 자기해방

그런 의미에서라도 사유는 자유와 책임 사이의 어긋난 운동을 이전보다 더 적극적으로 해가야 한다. 이렇게 행해지는 사유의 운동이 곧 반성이다. 이 반성은 물론 이성에서 온다. 반성하는 인간은 세계가 어떻게 나타나는지, 인간은 누구이고 현실은 어떻게 구조화되어 있는지를 끊임없이 묻는다. 이것을 '과학적 물음'이라고 부를 수 있을까? 마르크스의 과학주의는 물론 배워야 한다. 그러면서도 그것이 놓친 인간 현실의 실존적 조건에 대해, 삶 자체의 광대무변한 신비에 대해, 그리고 초월과 형이상학의 가능성에 대해서도 우리는 열려 있어야 한다. 이런 지속적 물음 속에서 우리는 세계에서 다양성을 체험하듯이, 자기 안에서도 다양성을 느낀다. 반성적 인간 안에서는 내면의 다양성과 세계의 다양성이 서로 충돌하고 대화한다. 반성적 인간의 이 성찰과정은 그 자체로 공적(公的)이다. 그것은 외부로 열려 있기 때문이다. 미래의 이성은 이런 공적 성찰과정을 감당할 수 있어야 한다.

흔쾌히 수락된 책임은 단순히 책임이 아니라 자유에 가깝다. 그리하여 자유와 책임이 같이 간다. 책임을 포함하는 자유의 방법을 우리는 '자율'이라고 부를 수 있다. 자율이란 물론 자기기율의 약칭이다. 그것은 한편으로 자기로부터 자발적으로 나오지만, 다른 한편으로 일정한 규율의 통제를 받는다. 자율은, 주체가 지켜야 하는 '과제'라는 점에서 의무가 되지만, 그런 의무를 '스스로 받아들인다'는 점에서 자유의 행사가 된다.

그러므로 자유란 책임의 적극적이고 자발적인 수락이다. 주체는 책임의 자발적 수락을 통해 자신의 감정을 깊게 하고 그 사고를 넓힘으로써 삶을 비로소 삶답

게 만들어갈 수 있다. 삶다운 삶, 그것은 공동선의 확대에 있다. 자유의 가능성이 자기에게 주어진 개인적 사회적 책임을 얼마나 자발적으로 수락하느냐에 달려있다면, 오늘날의 계몽정신은 이렇게 수락된 책임의 이행 여부 — 곧 자유의 책임 있는 이행 가능성에 달려있을 것이다. 책임의 수락과 자유의 실천은 공동선의 추구 속에서 이미 하나인 것이다. 이러한 진실이 갖게 될 운명은 제도적 조건, 말하자면 이런 일이 일어나는 공론장이 얼마나 합리적으로 구조화되어 있는가에 달려있을 것이다. 소크라테스가 자신의 진실에도 불구하고 BC 399년 전에 죽었던 것은 그의 진실을 '여러 견해들 중의 하나로' 만들어버린 당시의 부패한 공론장 때문이었다. 한나 아렌트(H. Arendt)의 지적대로, 진리와 견해를 구분짓는 뚜렷한 인식의 기호는 없는 것이다.

우리는 책임 속에서 참으로 자유로울 수 있을까? 이 질문은 곧 책임을 우리가 자발적으로 수락할 수 있을까라는 질문과도 같다. 그리고 그것은 다시 우리가 평화로운 공동체의 건전한 인간 — 계몽적 백성일 수 있을까라는 질문과 다르지 않다.('시민(市民)'이란 말이 어원적으로 성(城) 밖에 있는 '시장의 사람들'을 뜻한다면,

'여러 성(姓)을 가진 사람'을 뜻하는 백성(百姓)은 시민보다 더 나은 명칭이라고 할 수 있을 지도 모른다.) 그래서 멜키세덱처럼 국가에 대한 사랑이나 특정 종파에 대한 믿음 없이, 부모와 친구로부터도 떠난 채, 아무런 족보도 없이, 프랑스인이나 독일인 혹은 미국인이나 한국인이라는 사실도 내세우지 않고, 그저 "세계에 사는 사람"으로 우리는 살아갈 수 있는가?

우리는 시기와 증오심으로 행동하지 않을 수 있는가? 우리의 정치는 권력을 쟁취하기 위한 싸움이 아니라 올바른 삶을 추구하기 위한 모색일 수 있는가? 세계거주자로서의 삶을 어떤 의무조항으로서 자기와 타인에게 강제하는 것이 아니라, 내적 필요에 따라 스스로 받아들인 채 우리는 살아갈 수 있는가? 책임과 윤리를 의무가 아닌 하나의 요청으로 간주하면서 자기 삶을 더 나은 방향으로 만들어갈 수 있는가? 그러면서 현실을 지배하는 크고 작은 힘의 횡포와 불합리를 이겨낼 수 있는가? 자신에게 주어진 힘의 오용과 남용을 경계하면서 우리는 공동체의 도덕적 토대를 다져갈 수 있는가? 그래서 우리의 공동체적 의식(communis sensus)을 좀더 높게 만들어갈 수 있는가? 앞으로 가야 할 계몽의 길은 아마도 여기에 있을 것이다.

진보물신주의(進步物神主義) 비판[48]

내 글에서 되풀이하여 강조한 것은 사고의 '자기성' 혹은 '자기회귀성'이었다. 그것은 '스스로 생각하기'라는 말에 압축되어 있다. 자기사고의 이러한 태도는, 과학적 객관적 논리적 이성적 사고의 전통이 약한 우리 사회와 같은 곳에서는 거듭 강조될 필요가 있다.

게다가 자기사고의 이러한 관점은, 그것이 현대에 와서 아도르노/호르크하이머의 문제의식을 어느 정도 공유한다면, 이성의 신화적 맹목적 위험성까지 고려해야 한다. 그리하여 현대의 계몽은 역사적 계몽의 패착—그 도구화와 기술화를 어떤 식으로든 넘어서지 않으면 안 된다. 바로 이 점에서 자기사고의 태도는 더 겸허해져야 한다. 즉 낯설고 다른 것들—잊혀

지고 외면되고 억압된 모든 것들에 열려 있어야 한다. 우리는 삶의 신비와 침묵 그리고 세계의 타자성에 귀 기울여야 한다. 그렇다는 것은 '합리주의의 비합리적 근거'를 잊지 않아야 한다는 뜻이기도 하다.

합리주의의 비합리적 근거

인간은 정말 자유로운가? 인간은 자기 삶을 스스로 선택할 수 있는가? 그리고 그렇게 선택한 삶을 스스로 자유로운 가운데 그 자유를 책임지면서 살아갈 수 있는가? 그래서 자신의 생활을 점차 개선시켜 갈 수 있는가? 그리하여 인간들의 모임인 사회와, 이 사회의 역사는 결국 발전해 갈 수 있는가?

사실 여기에는 여러 가지 문제가 동시에 얽혀 있다. 이를테면 자유와 선택, 책임과 개선 그리고 발전의 문제다. 이런 문제들은 개인적 차원에서와 마찬가지로 사회적 차원에 걸쳐 있다. 그러므로 합리주의의 비합리적 근거를 비판한다는 것은 합리주의를 추동하는 이성이나, 이 이성에 의한 역사의 '발전' 그리고 '진보'의 이념을 비판하는 일이 되고, 나아가 이런 진보나 발전이 인간이 자유로운 선택에 따른 자유로운 결정으로 이뤄지는 한, 자유(의지)와 선택에 대한 비판으로 이어진다. 그 어떤 것이든 이 모든 문제는, 가장 크게는 인간의 인간다움, 즉 인본주의(humanism)에 대한 문제제기가 되고, 가장 작게는 인간의 생물학적 본성이나 진화적 조건에 대한 성찰로 수렴된다.

이 문제를 의문문으로 바꾸면 이렇게 될 것이다. 인간은 동물의 상태를 벗어날 수 있는가? 아니면, 적어도 어떤 경우에 있어서는, 동물적 차원을 결코 벗어날 수 없는가? 더 간단하게 표현하면 이렇게 될 것이다. 인간은 악한 존재인가? 혹은 인간은 악함에서 영영 벗어날 수 없는가? 이런 물음을 더 큰 차원에서 하면, 이렇게 될 것이다. 인간은 낙원을 실현시킬 수 있는가? 혹은 인류의 역사는 발전가능한가?

이러한 물음에 대한 여러 답변들 가운데 최근에 나온 것으로 가장 정직하고 설득력 있는 것의 하나는 존 그레이(John Gray)가 내어놓은 것이라고 할 수 있다. 인간의 지식은, 적어도 과학 지식은 순수하게 누적적인 데 반하여 윤리와 정치는 그렇지 않다는 것, 과학에서의 지식증가에 비례하여 인간본성이 지닌 결함은 개선될 수 없으며, 진보라는 것은 누구에게나 구원을 약속하는 "기독교적 신앙의 세속버전"일 뿐이라는 것, 그리고 이와 마찬가지로 휴머니즘 역시 "과학이

스스로 생각하기의 전통

아니라 종교"라고 그는 질타한다. 왜냐하면, 대단히 단순화된 진술이긴 하지만, 근대 과학을 창시한 사람들의 세계관은 종교나 신화 혹은 마술의 영역에 속해 있을 뿐만 아니라, 사물의 세계 역시, 최근의 물리학이 보여주듯이, 본질적으로는 인과성과 논리성을 결여하고 있기 때문이다.[49]

존 그레이의 이런 도발적인 문제제기로부터 우리는 물론 어느 정도 거리를 유지할 필요도 있다. 그의 글은 간결하고 적확하면서도 슬로건처럼 피상적이기 때문이다. 인간본성과 현실생리에 대한 정직한 통찰을 담고 있으면서도, 그의 글은 마치 게시벽보처럼 눈에 띄게 두드러지려 한다. 그의 시각이 인문주의 이후 펼쳐진 "서구 자유주의의 다양한 가닥들을 동질화한다"는 비판을 받는 것은 그런 이유에서일 것이다.[50]

이러한 비판을 더 밀고 가보자. 폭력적 성향이나 악함은 한편으로 인간 본성의 한 근본적 측면이지만, 다른 한편으로 이런 본성을 이루는 가장 내밀하고 깊은 층에는 어떤 긍정적인 측면 ― 다른 사람을 위하고 앞을 내다보는, 그래서 좀더 현실적이고 합리적인 면이 있다는 것도 사실이다. 맹자가 말하는 이른바 '사단(四端)'― 측은지심(惻隱之心)과 수오지심(羞惡之心),

사양지심(辭讓之心) 그리고 시비지심(是非之心)은 동물과는 다른, 인간본성의 그런 긍정적 토대를 일컫는다. 사실 몇몇 위대한 종교가 강조하는 것도 바로 이런 선한 덕성이다. 종교는 이 선한 덕성에 기대어 어떻게 인간이 자아를 삼가면서 개인적 차원에서나 집단적 차원에서 지금 여기를 넘어설 수 있는가라는 문제에 골몰한다. 타인에 대한 공감이나 상호이해의 가능성에 대한 종교적 지혜도 그렇다.

그러나 이런 그럴싸한 논의에도 불구하고 인간 본성의 결함과 악함이라는 근본 사실은 앞으로도 크게 변하지 않을 지도 모른다. 인간이란, 적어도 본성적 차원에서 보면, 매우 취약하고, 그래서 거의 변하지 않으며, 그 때문에 우리는 도덕적 진보를 과학적 지식과 발명의 진전과는 상관없이 기대하기 어려울 것이다.

그리하여 갈등은 불가피하다. 사람이 사람을 공격하고, 개인이 다른 개인을 박해하는 일은 삶에서 멈춰지지 않을 것이다. 이 점에서 그레이의 핵심적 테제 — 인간 본성의 자기파괴성과 불치성은 우리의 바람과는 무관하게 여전히 지속된다고 할 것이다. (이 때문에 그는 '현명한 인류(homo sapiens)'이라는 말보다는 '약탈하는 인간(homo rapiens)'라는 말을 즐겨 쓴다.) 이

난치병적 본성 앞에서 세계를 개선하려는 인본적 자유주의의 노력은 실패를 피할 수 없을 지도 모른다. 인본주의에 대한 그의 불신은 이렇게 해서 나온다.

인류를 더 합리적인 모양새로 개조하는 데 과학은 별 소용이 없다. 어떤 신종 인류가 나온다고 해도, 그들은 자신을 만들어낸 사람들도 가지고 있었던 익숙한 결함을 재생산하게 될 것이다. 과학이 비합리적인 세계에 이성과 합리성을 가져다주리라는 믿음은 비정상적인 환상이다. 과학이 할 수 있는 일은 정상적인 광기에 또 한 자락을 더하는 것뿐이니 말이다. 역사만 이를 알려 주는 게 아니라, 과학연구도 인간의 비합리를 바꿀 수 없다는 결론을 내놓고 있다. 흥미롭게도, 합리주의자들은 이 사실을 받아들일 준비가 거의 되어 있지 않다. 서기 200년 경 카르타고의 신학자 테르툴리아누스(Tertullian)는 기독교에 대해 이런 말을 남겼다. "그것은 확실하다. 불가능하기 때문이다(Certun est, quia impossibile)"(…) 이러한 테르툴리아누스 식의 불합리한 신념이 없다면, 계몽주의는 절망의 복음일 것이다.[51]

그레이의 이 글에서 우리가 다시 생각하는 것은 과학의 한계, 그 비합리적인 난관에 대한 정직한 직시의 필요성이다. 인간의 본성적 결함은 과학의 이런 비합리적 난관에 구조적으로 상응한다. 이 둘 — 과학의 비합리적 근거와 인간 본성의 비합리성은 상호작용하면서 공진화한다. 그리하여 역사는 '발전' 혹은 '진보'를, 적어도 반드시, 기약할 수는 없다. 역사의 필연성은 오히려 그 반대 — 비합리성으로 분류될 수 있는 온갖 종류의 취약성에 노출되어 있다. 그리하여 우리가 자신 있게 말할 수 있는 것은, 테르툴리아누스의 생각을 바꾸면, '확실한 것의 불가능성'이다. 혹은 '불가능의 확실성'이라고 해도 좋을 것이다.

이런 이유에서 나는 존 그레이의 예리한 지적에 동의하지 않을 수 없다. 그의 이같은 지적은 물론, 그 스스로 언급하듯이, 새로운 것은 아니다. 그것은 그에 앞선 역사가 있다. 그의 휴머니즘 비판과 진보불신은 쇼펜하우어나 니체로부터 시작하여 현대에 와서 '가장 높은 절망'의 예를 보여주는 시오랑(E. Cioran)에 이르기까지 줄기차게 제기된 것이기도 하였다. 이 일련의 흐름에는 그런 견해를 단순히 회의주의나 염세주의 혹은 패배주의로 치부해선 안 되는 깊은 현실직

스스로 생각하기의 전통

시가 들어있다. 어쩌면 삶을 추동하는 것은, 그 삶이 인간의 것이든 역사의 것이든 아니면 사회의 것이든, 넌센스인지도 모른다. 그러나 이 어처구니없고 불합리하며 부조리한 것의 작동은 인간 본성에서 뿐만 아니라, 사회 공동체 안에서도 우리는 확인할 수 있다. 이를테면 대중의 변덕스런 성향이나 역사의 우발적 사건과 그 불가해한 추이가 그렇다. 그런 점에서 그레이의 지적은 옳다.

그러나 인간을 논의할 때에도 우리는 사실적 차원과 당위적 차원으로 나누어야 하지 않을까? 적어도 당위적 차원에서 인간을 말할 때, 우리의 논의는 인간의 사실적 특성에만 제한되어선 안 된다. 그것은 인간의 가능성과 그 지향을 포함해야 한다. 윤리나 진보 혹은 성숙을 말하는 것은, 아니 말하지 않을 수 없는 것은 인간의 가능성적 차원과 관련해서다. 그리고 모든 학문, 적어도 인문학적 논의는 이 당위적 윤리적 차원의 고려 없이 성립될 수 없다. 왜냐하면 우리는 좀더 나은 삶의 가능성을, 우리가 반드시 계몽주의자나 진보주의자 혹은 이성주의자가 아니더라고 해도, 가슴 깊은 곳으로부터 희구하기 때문이다. 또 삶의 더 나은 가능성에 대한 희구는, 다소 거창하게 여겨질 수도 있

윤리, 진보, 성숙을 말하는 것은 인간의 가능성과 관련해서이다. (…) 삶의 더 나은 가능성에 대한 희구는 우리가 살아가는 삶의 존재이유이다

지만, 우리가 살아가는 삶의 존재이유이기도 하지 않는가? 적어도 나는 그렇게 생각한다.

어제보다 오늘이 좀더 나아지고 있고, 오늘보다 내일이 좀더 나으리라는 작은, 그러나 포기할 수 없는 희망마저 없다면, 우리는 왜 그리고 어떻게 살아갈 것인가? 나날의 거친 생계현실 앞에서 이런 희망도 사치일 때가 많은 것도 물론 사실이다. 더욱이 아무런 희망 없이도 살고 있고, 또 살아야 하는 것이 인간의 현실이기도 한 것이 우리네 삶의 실상이라는 사실도 인정하자. 그러나 그럼에도 삶에는 '그 이상의 무엇'이 있지 않은가? 그리고 그 이상의 무엇 때문에 우리는 살아가는 이유를 얻지 않는가?

이 이상의 무엇을 그레이가 '환상'이고 '자기기만'이라고 부른다면, 나는 받아들일 준비가 되어 있다. 하지만 그것이 우리의, 아니 나의 살아가는 이유라는 점에서는 양보하고 싶지 않다. 오히려 나는 본성의 근본적 결함에도 불구하고 그 어떤 다른 가능성으로 열려 있는 것, 그리고 그 열린 가능성으로 인간은 ('나아가야 한다'가 아니라) '나아가게 되어 있다'고 말하고 싶다. 그것은, 그 방향이 더 나은 단계로 나아가는 것이기에 '윤리적'이고, 그렇게 나아가는 선한 길을 아

스스로 생각하기의 전통

무도 강제함 없이 스스로 가려 하기에 '자발적'이다.

인간 존재의 고귀함 그리고 그 품위는 바로 그 자발적 선의의 길에서 올 것이다. 물론 이 고귀함과 품위도, 다시 그레이의 사고에서는, 작위적일 수도 있을 것이다. 그러나 그렇다고 그런 사례가 없는 것은 아닐 것이다. 그런 사례가, 비록 드문 것이긴 해도, 전혀 없다면, 우리의 삶은 얼마나 황량할 것인가?

어리석음의 포용

> 어리석음이 국가들을 탄생시켰으며, 어리석음을 통해 제국과 관리와 종교와 의회와 법원 등이 유지되어 왔으므로, 한 마디로 인간 세상 모든 일들은 전적으로 어리석음의 독무대라 하겠습니다.
>
> 에라스무스(Erasmus), 『우신예찬』(1511)

신비나 침묵 혹은 타자란, 다른 식으로 말하여, 한계를 일컫는다. 그러므로 타자에 열려 있다는 것은 '한계의식을 가진다'는 뜻이 된다. 인간 본성과 관련하여 이 한계란, 아마도 인간의 어리석음이나 탐욕 혹은 무절제 같은 것이 될 것이다.

계몽주의 논의에서의 상투성, 말하자면 이성의 필요성을 강조하는 흔해 빠진 결론과 관련하여 나의 고민을 얼마 전에 김우창 선생께 털어놓은 적이 있다. 그에 대해 선생께서는 최근에 읽은 하이네(H. Heine)의 시에 이런 것이 있었다면서, 비판으로 모든 것이 다 해결되지는 않는다고 덧붙이셨다. 그 시를 여기에 적으면 이렇다.

Nun die Verstand, so kalt und trocken,

Herrscht in dem winzigen Paris-

O, Narrheitsglöcklein, Glaubensglocken,

Wie klingelt ihr daheim so süß!

이제 이성은, 얼마나 차갑고 메마르게,

이 좁은 파리를 지배하는지,

오, 어리석음의 작은 종소리, 믿음의 종소리

너희들은 고향에서 어떻게 그토록 사랑스럽게 울리는지!

이것은 하이네의 「1837년에(Anno 1837)」라는 시 구절의 일부이지만, 여기에서 말해지는 차가운 이성에 대한 지적은 물론 새로운 것은 아니다. 그러나 그것은, "어리석음의 작은 종소리"나 "믿음의 종소리" 그리고 "고향"이라는 말과 결부되어, 좀더 넓은 의미 맥락 속에서 새로운 뉘앙스를 풍긴다.

스스로 생각하기의 전통

더 자세히 해석해 보자. "어리석음의 작은 종소리"란 시골 마을에서는 으레 들을 수 있는 크고 작은 종소리들, 이를테면 물건을 팔고 다니는 장사꾼들의 종소리나, 마차가 내는 종소리, 혹은 소의 방울에 달린 종소리를 뜻할 것이다. 독일어 Narrheitsglöcklein에서 glöcklein은 '작은 종'을 뜻한다. 그에 반해 "믿음의 종소리"란 교회나 성당에서 울려나오는, 상대적으로 큰 종의 소리를 뜻할 것이다. 그러나 중요한 것은 크고 작은 종소리 자체가 아니라, 이 종소리에서 드러나는, 시골에서 영위되는 자연스러운 삶이 될 것이다. 그것은 아마도 "차갑고 메마른" "이성"이 지배하는 도시적 삶과는 다른 어떤 형태를 띨 것이다. 하이네가 떠올리는 것은 바로 이런 시골의 따뜻하고 풍성한 삶이다.

그러므로 하이네의 시는 단순히 이성을 비판하고 "어리석음"을 찬양하는 데 있는 것이 아니라, 대도시 "파리"와 대조되는 원형적 공간으로서의 "고향"에서 어떻게 이성/지성을 넘어가는 더 넓은 세계가 회복될 수 있는가를 말한다고 할 것이다. 고향의 삶은 이성 혹은 비이성의 세계를 넘어설 것이다. 그렇다면 남는 것은 이성이냐, 아니면 비이성 혹은 어리석음이냐의

양자택일적 물음이 아니라, "차갑고 메마른" 이성 아래 사상(捨象)되는 삶의 전체성을 어떻게 회복할 것인가다.

한 가지 짚고 넘어가야 할 사실은 하이네가 말한 고향의 종소리는 "어리석음의 종소리"였다. 그렇다는 것은 하이네가 고향이라는 공간 속에 깃든 어떤 폐단의 가능성도 의식하고 있었다는 뜻도 될 것이다. 즉 이성을 넘어가는 공간의 회복에도 모순은 들어있다. 에라스무스도 500년 전에 이렇게 말하지 않았던가? "인간 삶이 모든 면에서 행복할 수야 없는 노릇이다."

그러므로 고향 회복의 과제 앞에서 잊지 말아야 할 것은 인간 본성의 하나로서의 어리석음일 것이고, 더 나아가 이 한계조건으로서의 어리석음의 인정일 것이다. 아마도 더더욱 중요한 것은 이 어리석음의 한계상황에도 불구하고 보다 이성적인 삶의 가능성은 무엇인가를 우리는 계속 물어야 한다는 사실일 것이다. 이것이 내가 이 글의 결론으로 삼고자 하는 '항구적 성찰'이다. 이 성찰의 길은 즐거우면서도 느린 길이 될 것이다. 그것이 즐거운 것은 스스로 선택하고 또 선택할 만한 것이기에 그렇고, 그럼에도 오래 걸리는 것은 많은 것을 생활 속에서 육화해야 하는 일이기 때문이다.

느리지만 즐거운 길 — 영구적 성찰

　이쯤에서 오늘의 현실을 다시 돌아보자. 지구의 현실이 있고, 한국의 현실이 있다. 전지구적 자본주의의 현실이 있고, 분단 체제 하의 한국사회가 있다. 이 좁은 한반도의 북쪽에 강압적 정권이 있다면, 남쪽에는 이념대립의 갈등사회가 있다. 더러 지적되듯이, 남한 정부 안에서의 이데올로기적 갈등은 남북 간의 군사대립 속에서 증폭되고, 한반도의 이런 대치는 미국과 일본, 중국과 러시아 사이의 국제적 역학 속에서 더욱 심각하게 요동친다. 오늘날의 반계몽주의적 조류는 세계 어디서나 확인된다. 당헌개정을 통한 장기집권을 꿈꾸는 중국의 시진핑 체제나, 제4기 임기를 시작한 러시아의 푸틴 대통령, 그리고 트럼프의 미국 정부뿐이겠는가? 그것은 인종적 분리주의자나 여러 민족주의적 국가주의적 파퓰리스트에게도 나타난다. 오늘날의 지구세계는 갈수록 불한당들의 전권지배로 변질되고 있다. 그리고 이것은 자국의 이해관계를 앞세운 이런 이데올로기에 동조하는 그 나라 국민들의 맹목에서 지지를 얻고 있다.

이런 서너 겹의 현실적 파고(波高) 앞에서 우리는 계몽주의의 가치를 여전히 견지할 수 있는가? 소크라테스가 제기한 자기물음의 전통에서 시작하여 르네상스의 자기의식을 지나 18세기 계몽주의 사고의 형성적 계기에 이르기까지, 또 칸트의 자기사고적 기율로부터 시작하여 20세기의 문명적 파국을 지나 탈계몽적 계몽의 현대적 기획에 이르기까지 우리가 지나오면서 할 수 있는 것은 무엇인가? 아마도 현실을 지배하는 것은 '항구평화'의 이념이 아니라, 항구전쟁의 비참일 것이다. 이 점증하는 폭력과 편견, 민족주의 이데올로기와 디지털 감시체계 앞에서 우리는 무엇을 할 수 있는가? 칸트적 '성숙'이나 '자율성'은 과연 의미를 가질 수 있는가?

아마도 우리가 할 수 있는 것은, 적어도 나의 판단으로는, 아주 작은 것이 될 것이다. 근대성의 저 놀라

스스로 생각하기의 전통

운 경과 속에서 우리가 거듭 확인하는 것은 성공과 성취의 역사라기보다는 실패와 좌초의 역사이기 때문이다. 합리성도 종교일 수도 있다. 발전이나 진보가 하나의 신화일 수 있듯이, 이성이라는 개념 자체가 맹목적 허구일 수도 있다. 어쩌면 인간은 파괴적이고 약탈적이며 폭력적이고 우둔한 자기본성을 끝끝내 극복하지 못할 지도 모른다. 그런 뼈아픈 가능성에 대해서도 우리는 늘 자신의 눈과 귀를 열어두어야 한다.

그렇다면 계몽주의와 그 실패 이후 오늘의 우리가 가야 할 길이 결코 단순할 수 없다. 그것은 복잡하고 복합적이며, 그러니만큼 절차적으로 이뤄질 수밖에 없다. 단순화의 위험이 없지는 않지만, 논의의 명료성을 위해 그리고 관련 문제의 투명한 조감을 위해, 명제의 형태로 간단히 적어보려 한다. 이 7가지는 이 글 전체의 요약이 될 것이다.

이성은 불가피하다.

좀더 나은 삶과 더 나은 미래를 위해 이성은 불가피하다. 대상에 대한 그리고 우리의 경험 내용에 대한 검토에서 이성은 필요하기 때문이다. 생활공간의 제도화 ― 이익에 반하는 이익을 줄이기 위해 제어와 균형(checks and balances)으로 이뤄지는 통치의 체계를 만드는 것도 이성적 작업 안에서다. 제퍼슨이나 매디슨 같은, 미국건국의 아버지들이 보여준 것은 바로 이런 제도화 작업이었다. 그들은 일반 대중이나 대중의 통치를 믿지 않았다. 그들이 신뢰한 것은 법의 지배였다. 초기 미국이 계몽주의 프로젝트의 시험장이 된 것은 그런 이유에서였다.

그러나 비판으로 충분치 않다.

이성이 필요하다는 것이 곧 이성의 절대화를 뜻하는 것은 아니다. 이성이 절대화되어선 안 된다는 것은 비판이 충분조건일 수 없다는 것과 같은 뜻이다. 이성의 비판은 중요하지만, 비판이 만병통치약일 수는 없기 때문이다.

이성이 절대화 되어선 안 되는 것처럼 비판이 충분조건일 수 없다

인간의 어찌할 수 없는 한계상황들, 이 한계조건 앞에서는 특히 그렇다. 인간 존재의 실존적 심연과 그 깊이, 삶의 신비 그리고 슬픔은 이런 한계에 대한 정직한 직시에서 온다. 비극적 인식이란 곧 한계인식에 다름 아니다. 이 비극적 한계 앞에서 우리의 이성은 비판의 이중적 차원, 다시 말하여 대상에 대한 비판이면서, 이렇게 비판하는 자기자신에 대한 비판이어야

한다. 나아가 이 자기비판으로부터의 거리도 필요하다. 비판이 비판 속에서 비판을 넘어서야 한다는 것은 그런 뜻에서다.

이런 점에서 이성보다 이해가 중요하다.

공감은 인식보다 더 중요하다

이성보다 이해가 중요하다는 것은 '인식'보다 '공감'이 더 중요하다는 뜻이다. 인식이 시비(是非)의 '구분'을 지향한다면, 이해는 삶을 '포괄'하고자 한다. 인식의 대상은 진리뿐이지만, 이해의 대상은 삶의 전체이기 때문이다. 즉 이해는 인식보다 더 넓은 삶의 지평으로 열린다. 그래서 그것은 삶의 실재(reality) 그리고 인간의 전체성에 다가선다.

그러므로 이성의 이념은 '생활의 이해 속으로 녹아들어가야' 한다. 이때 필요한 것이 공감의 능력이다. 아마도 타인에 대한 인정과 포용, 관용과 용서도 이 공감적 이해로부터 나올 것이다.

다시 문제는 생활세계의 전체다.

실천은 물론 행동에서 생겨난다. 이 행동이 개인에게서 반복적으로 행해지면, 그것은 '습관'이 되고, 집단적으로 나타나면 '관습'이 되며, 문화적으로 나타나면 '습성(habitus)'이 된다. 윤리(ethics)는 관습화된 행동(ethos)으로부터 나온다. 결정적인 것은 이 일상적 생활세계의 전체를 어떻게 구성할 것인가. 생활세계의 인간적 구성이라는 문제는, 간단히 말해, 먹고 사는 일의 해결에 있다. 그래서 그것은 민생(民生)이 된다. 민주보다 민생이 우선이다. 독일 프랑크푸르트 학파의 비판이론에서 결여된 것은 바로 이 생활세계적 차원에 대한 모색일 것이다.

예를 들어 하버마스에게는, '생활세계의 식민지화'에서 보듯이, 현실과 사회에 대한 그 누구보다 정밀한 분석이 있지만, 이러한 분석은 근본적으로 사회과학적이었다. 다시 말해 시가 없었다. 그는 아도르노와 카시러 혹은 벤야민과 관련하여 예술이나 상징 등을 논의하기도 하지만, 그렇다고 예술론을 본격적으로 펼친 것은 아니다. 시적 마음은 더더욱 없다. 이것은 삶의 현실이 민주주의로, 비록 민주주의가 가장 위대한 인류자산의 하나임에 틀림없다고 해도, 다 해결될 수 없는 것과 비슷하다고 할 지도 모른다. 현실의 갈등이 정치제도적으로 해결될 수 있다고 대부분의 정치학자는 생각하지만, 그러나 정치현실은 현실의 일부일 뿐이다. 그리하여 하버마스의 글은, 마치 그의

그러나 정치현실은 현실의 일부일 뿐이다

　　　　　　　스스로 생각하기의 전통

이성이 그러하듯이, 하이네의 말을 빌려, "차갑고 물기 없다".

개별적 자율성이 모든 변화의 시작이다.

칸트적 계몽정신의 핵심은 결국 하나 — 어떻게 살 것인가라는 문제를 어떤 권위에 맹목적으로 넘겨선 안 된다는 데 있다. 여기에서 출발점은 개인이다. 더 정확히 말하여, 건전한 개인의 자율적 태도다.

변화의 시작은 각 개인이 어떻게 자율성 — 자기기율(self-discipline)을 내면화할 수 있는가에 달려있다. 이 자기기율의 내면화 정도에 힘입어 이성적 사회의 구성가능성도 결정되기 때문이다. 그러나 어떤 태도가 바람직하다고 해서 반드시 강제되어도 좋은 것은 아니다. 좋은 일도 어떤 의무나 명령 혹은 강제에 의해서 만들어지기보다는 개인적으로 습관이 되고 사회적으로 관습이 되어 생활의 구성요소로서 '저절로 우러나올 수 있다면, 그것은 더 바람직할 것이다.

예술은 개인의 자발성과 자율성을 장려한다.

구한말 지식인이던 유길준(兪吉濬)이 "우리 모두 군자가 되자"고 제의한 적이 있다고, 평등이 필요하다

문제를 권위에 맹목적으로 넘겨선 안 된다. 출발점은 개인이다. 변화의 시작은 개인의 자율성—자기기율의 내면화에 달려있다

면 '평민'으로 하향 평준화되기보다는 '군자'로 상향 평준화하는 것이 더 좋을 것이며, 그 때문에, 친구 사이든, 부모와 자식 사이든, 좋은 인간관계가 단순히 '너나들이'한다고 이뤄지기보다는 오히려 서로 경어를 사용하는 데서 잘 이뤄질 것이라는 얘기를 나는 얼마 전에 이승환 교수로부터 들은 적이 있다. 예술은 이 일에서 큰 도움이 될 것이다. 예술은 개인의 감성에 호소함으로써 그의 자율성과 자발성 그리고 판단력을 키워주기 때문이다.

나는 삶에 있어서 예술이, 시를 포함하여, 과학이나 기술 혹은 진보에 대한 맹목적 믿음보다 훨씬 현실적인 접근법이라고 생각한다. 예술은 지금 여기와 그 너머, 현실과 초월을 매개하면서 어떤 다른 현실의 가능성을 모색한다. 그래서 성격의 변화와 이 변화를 통한 개인적 삶의 고양을 장려한다. 문학과 예술은 좋은 습관의 자발적 육성을 북돋는다. 그리하여 예술체험은 이성적 사회의 민주시민을 교육하는 데 불가결하다.

문학과 예술은 좋은 습관의 자발적 육성을 북돋는다

앞으로의 문화는 근본적으로
성찰이성적이어야 한다.
이렇게 하여 우러나오는 공동체의 의미있는 유산,

스스로 생각하기의 전통

그것이 곧 문화다. 문화가 좋은 습관으로 이뤄져 있다
면, 그것은 '선의의 문화'가 될 것이다. 우리가 지향해
야 할 것은, 다소 고답적인 뉘앙스를 갖는 채로, 선한
영혼의 공동체일 것이다.

이 집단적 관습과 문화적 습성이 동양에서 나타난
것이 예(禮)라면, 이 예는 많은 경우 허례허식 속에서
경직화되었다. 마찬가지로 동양에서의 반성적 사고
는, 김우창 선생이 지적하였듯이, 서양에서처럼 자기
의식적 개인이 실존의 심연 앞에서 고독하게 던지는
질문 속에서 만들어지기보다는 이미 있는 전거(典據)
의 틀 안에서 기계적으로 반복되었다고 할 수 있다.[8]
문화는 대상에 대한 검토뿐만 아니라 이렇게 대상을
향해 있는 주체 자신의 검토까지 다시 검토하는 운
동 — 반성의 변증법적 운동을 할 수 있어야 한다. 그
렇다는 것은 그 문화가 그만큼 합리적 기준 위에 있다
는 뜻이다. 우리는 상호이해의 성찰적 문화로 나아가
야 한다.[9] 이렇게 나아갈 수 있는 힘은 그 사회의 합리
적 바탕에서 온다.

사회의 합리적 토대는 다시 강조되어야 한다.

이 이성적 토대 속에서 우리는 계몽주의의 유산뿐

만 아니라 그 패착, 그 문명적 파국의 역사적 사례를 기억해야 한다. 이때 핵심은 이러한 패착과 파국에 들어있는 어떤 아포리아의 성격이다. 아포리아란 물론 쉽게 빠져나갈 수 없는 난관이고 모순이다. 삶의 어찌할 바 없는 신비나 비극은 이 난관이 머무는 장소다.

우리에게 필요한 것은 바로 이 모순의식 — 모순에 대한 직시이자 모순과의 대결이고, 이런 대결 속에서의 어떤 다른 가능성에 대한 지속적 모색이다. 서구의 비극 장르가 중요한 것은 바로 이 모순의식을 키워주기 때문이다. 말하자면 한계의식의 훈련이다. (고대 그리스의 비극 작품 읽기는 인문학 교육에서 절대적으로 중요하다.) 이런 훈련에서 우리는 자연스럽게 이성/사고/논리의 도구화를 경계하게 된다. 그러면서 다시 개인-구체-실존-경험-일상을 주목하게 된다. 모든 가치의 기준은 개개인의 환원될 수 없는 유일무이한 절실성이다.

개인적 진실의 유일무이한 사연을 존중해야 한다

사회가 중요한 것은 말할 것도 없다. 그러나 이 사회는, 자명한 사실이지만, '개인으로 구성된다'. 그리하여 개인은 인간과 자유, 인권 그리고 민주주의의 전제조건이다. 그렇다는 것은 개인적 삶의 가능성에 대한 존중이 인간과 자유 그리고 민주주의의 검토에서 근본적일 뿐만 아니라 우선시되어야 한다는 뜻이다. 인권에 대한 작은 이해도 개인의 실존적 자각 속에서 조금씩 생겨나지 않는가?

그러므로 우리는 개개인의 사연에 먼저 주목하고, 그 감성과 본능을 세심하게 헤아리며, 육체와 욕망과 충동의 궤적에 주의하여야 한다. 또 이 개체에 인간뿐만 아니라 동물이 들어가고, 나아가 동물뿐만 아니라 존재하는 모든 개별자가 해당된다면, 인간의 인식은 존재하는 이 모든 것에 마땅히 열려 있어야 한다. 이 모든 것에는 궁극적으로 신성하고 성스러운 차원도 포함된다. 그러면서 대상에 대한 과학적 탐구 — 자연과 인간에 대한 이론적 모색은 계속되어야 한다. 인간 본성의 악한 면 — 그 파괴성과 잔학에 대한 논의도 그렇다.

무생명적인 전체로 열려야 한다

공적인 것의 의미를 말할 때, 우리는 내셔널리즘을 벗어나야 한다. 마찬가지로 이 지구의 주인이 더 이상 인간이 아니라는 것도 이제는 자명해졌다. 우리는

'우리 자신', 또 우리가 살아 있는 이 '현재'에 대해 지나치게 큰 중요성을 부여하는 지도 모른다. 생명 있는 모든 것에 대한 존중과 사랑(biophilia)는 무생명적 전체에 대한 고려를 포함해야 한다. 이 대목에서 우리는 인간중심주의로부터 벗어난다. 우리는 단순히 '미래의 인간'이 아니라, '인간 없는 미래' 혹은 '인간 이후의 인간'까지도 성찰할 수 있어야 한다. 인간이 보여주는 논의의 설득력은 아마도, 지금의 이 글을 포함하여, 모든 인간적인 것의 테두리와 한계를 벗어날 때, 적어도 이 한계와 성찰적 거리를 유지할 때, 어느 정도 얻어질 수 있기 때문이다.

지구의 주인은, 자주 말해지듯이, 인간이 아니다. 지금의 논의는 '몇 되지 않는 인간끼리의' 논의일 뿐이다. 그런 점에서 우리는 자신의 논의에 대해 겸허해야 한다. 그렇다는 것은 우리의 논의를, 이 논의에서 사용되는 인식이나 논리 그리고 언어까지, 어떤 경우에는, 던져버릴 수도 있어야 한다. 그렇게 자기 논의와의 거리를 유지하면서 저 광막한 무의미의 세계 — 침묵과 어둠과 고요의 세계로 정신과 영혼을 열어둘 수 있어야 한다. 그래서 저 밖의 세계가, 타자적 전체성의 일부가 우리 안으로 들어올 수 있도록 자기

지구의 주인은 인간이 아니다. 우리는 인간중심주의로부터 벗어나야 한다

스스로 생각하기의 전통

마음을 비워내야 한다. 그것이 우리의 언어와 관점과 시각을 '덜 편향되게' 만드는 일이기 때문이다. 어느 정도의 공정성은 그 다음에나 바랄 수 있을 것이다. 이런 점에서 우리는 보편주의의 원칙을 다시 거론할 수 있다. 하지만 이때의 보편주의란, 되풀이하건대, 인간중심주의를 벗어나 생명적이면서 동시에 무생명적인 것의 타자적 전체를 포용해야 한다.

모든 진보적 성취는 어느 한 순간에 철폐될 수 있다. 삶의 불화는 인간의 현실을 언제든 사악한 지옥으로 변질시킬 수도 있다. 어쩌면 어리석음이야말로 영원히 움직이는 기관(perpetuduum mobile) ─ 이렇게 움직이면서도 새로워질 수 있는 유일한 에너지인지도 모른다. 악은 특이하고 유일무이한 것이 아니라 정말이지 그렇게 평이하고 흔해빠진 것이라고 말할 수도 있다. 어쩌면 인간은 하나의 편견으로부터 또 하나의 다른 편견으로 영원히 옮아가며 제 일생을 탕진하는 것인지도 모른다. 그런 점에서 한계를 직시하는 것은 무엇보다 중요하다. 자기 하는 일의 의의를 과장하지 않는 것은, 그래서 스스로 의미있다고 판단한 일을 하되 그 일과의 비판적 거리를 유지하는 것이 필요하다. 내가 '한계'나 '비극적 인식'이란 말을 쓴 것은 이런 까닭에서다.

그런 점에서 우리는 비극을 다시 읽어야 한다. 호르크하이머와 아도르노도 『계몽의 변증법』에서 이렇게 쓰지 않았던가? "문명의 역사는 희생이 내향화된 역사다. 다른 말로 체념의 역사다." 그러나 그럼에도, 다시 한번 더 강조하여, 칸트적 의미에서 "사고방식의 내적 형성을 위한 완만한 노력"을 우리는 포기할 수 없다. 우리가 모색해야 하는 것은 아마도 어떤 한계 안에서의 가능성들일 것이다. 그것은 계몽적 기획의 불가능성 속에서 시도되는 어떤 작은 미시적 가능성이다. 이것은, 아도르노와 호르크하이머가 지적하였듯이, '대중퇴행의 현실을 직시하면서' '새로운 형태의 기만을 넘어' '다시 느끼고 생각하고 표현하는' 데서 시작될 지도 모른다.

계몽은 계몽을 넘어서야 하고, 이성은 이성 속에서 이성 저 너머로 나아가야 한다. 이성은 자기를 비판하면서도 옹호하고, 자기를 부정하면서도 긍정해야 한다. 이성은 자신을 부단히 해체하면서도 구축하고, 이렇게 구축하는 가운데 다시 분해시키며 재구성할 수 있어야 한다. 그러려면 우리의 반성은 이중적일 뿐만 아니라 다중적이어야 하고, 다중적인 데서 나아가 항

계몽적 기획의 불가능성 속에서 시도되는 미시적 가능성 — 다시 느끼고 생각하고 표현하는

스스로 생각하기의 전통

구적이어야 한다. 우리의 이성적 성찰은 비판과 옹호, 부정과 긍정, 해체와 구성 사이를 부단히 오가면서 자신을 검토하고, 이런 지속적 검토 속에서 자신의 현재적 수준을 더 높여갈 수 있어야 한다. 나는 '성찰의 항구성' ─ 항구적 성찰문화의 계몽을 생각한다. 보다 나은 이성적 사회에서 우리가 앞으로 가질 수 있는 정신의 형식은 바로 이런 형태일 것이다.

지금 한국사회가 필요로 하는 덕목은 여러 가지다. 그러나 그 어떤 것이든, 사회정치적 차원에서건, 개인적 차원에서건, 그 핵심에는 아마도 '스스로 생각하는' 연습이 가장 긴급한 덕목의 하나로 자리할 것이다. 그것은 개인과 사회, 사적 생활과 공적 활동을 매개하는 근본적인 요소라는 점에서, 어쩌면 결정적일 수 있다. 그 필요성은, 미투 현상 이전에 오늘의 현실을 구성하는 갖가지 불합리와 부패 그리고 몰상식을 떠올린다면, 자명하게 보인다. 그리하여 스스로 생각하는 것은 2018년 이후의 한국 사회에서 '하나의 전통'이 되어 마땅하지 않나 나는 생각한다.

나는 계몽주의의 정신을 현재적 정당성의 관점에서 비판적으로 재검토한 이 책이 우리 사회의 합리적 구조와 그 공론장의 형식을 고민하는 사람들에게 하나의 작은 길잡이가 되길 희망한다. 그러나 사회와의 이 같은 관련성이 굳이 아니더라도, 스스로 생각하고 묻는 가운데 만들어가는 삶은 각 개인에게 절실한 일이지 않을 수 없다. 한번 주어진 삶을, 때로는 비록 서투르고 불충분하다고 해도, 스스로 묻고 생각하며 만들어가는 일만큼 기쁜 것이 어디에 있는가? 그런 점에서 묻고 생각하며 만드는 나날의 활동은 사소한 게 결코 아니다. 자기물음을 통한 삶의 자발적 형성은 인간 생애의 전체일 수도 있다.

묻고 생각하며 만드는 나날의 활동은 결코 사소하지 않다. 자기물음을 통한 삶의 자발적 형성은 인간 생애의 전체일 수 있다

Nun die Verstand, so kalt und trocken,

Herrscht in dem winzigen Paris-

O, Narrheitsglöcklein, Glaubensglocken,

Wie klingelt ihr daheim so süß!

이제 이성은, 얼마나 차갑고 메마르게,

이 좁은 파리를 지배하는지,

오, 어리석음의 작은 종소리, 믿음의 종소리

너희들은 고향에서 어떻게 그토록 사랑스럽게 울리는지!

하이네(H. Heine)

부록

주석

* 이 책은 네이버 강연시리즈인 '문화의 안과 밖'에서 행한 「스스로 생각하기'의 전통 — 계몽주의 사상과 그 비판」(2018. 1. 20)과, 이 글을 다시 보충한 「오늘날의 계몽기획 — 그 시작을 위하여」로 이뤄져 있다. 이 두 주제는 결국 '지금 여기의 한국 현실에서 내가 그리고 우리가 어떻게 살 것인가'라는 문제로 수렴될 것이다.

1) Ernst Cassirer, Die Philosophie der Aufklärung, Tübingen 1932, Vorrede, XII. 강조는 카시러. 이하 본문의 강조는 모두 카시러의 것이다. (E. 카시러, 『계몽주의 철학』, 박완규 역, 민음사, 1995 참조. 번역은 일부 고쳤다.)

2) Ebd., S. XIII.

3) Manfred Geier, Aufklärung. Das Europäische Projekt. 2. Aufl. Hamburg 2017, S. 10.

4) 문광훈, 『가면들의 병기창 — 발터 벤야민의 문제의식』, 한길사, 2014, 159쪽 이하 참조.

5) Ernst Cassirer, Die Philosophie der Aufklärung, a. a. O., S. 245.

6) Ebd., S. 279.

7) Ernst Cassirer, Individuum und Kosmos in der Philosophie der Renaissance, Hamburg 2013, S. 41. (E. 카시러, 『르네상스 철학에서의 개체

와 우주』, 박지형 역, 민음사, 1996. 번역은 부분적으로 고쳤다.)

8) Ebd., S. 50.

9) Ebd., S. 105.

10) Platon, Phaidros/Parmenides/Briefe, Werke in 8 Bänden, 5 Bd., Darmstadt 1981, S. 13. (플라톤, 『향연/파이드로스/리시스』, 박종현 역, 서광사, 2016, 236쪽. 번역은 부분적으로 고쳤다.)

11) Ernst Cassirer, Versuch über den Menschen, aus dem Englischen übersetzt v. R. Kaiser, 2007 Hamburg, S. 22.

12) 김우창 선생은 '반성적 사고의 역사적 등장'이라는 주제와 관련하여 칼 야스퍼스(K. Jaspers)의 '주축시대(Die Achsenzeit/The Axial Age)' 개념을 바탕으로, 동서양 문명과 그 사유방식을 논의한 적이 있다. 김우창, 「칼 야스퍼스. 역사의 근원과 목적에 대하여」, 2015년 5월 16일 네이버 문화재단 '문화의 안과 밖' 강연 원고; 김우창, 「동양, 서양, 근대 ― 일치와 차이」, 2018년 1월 6일 네이버 문화재단 '문화의 안과 밖' 강연 원고 참조. 이 강연은 개인적 주체가 어떻게 반성적 사유를 통해 보편적 인간으로 변용해 나갈 수 있는가, 그럼으로써 삶의 현실을 이성적으로 구성해나갈 수 있는가에 대한 매우 포괄적이면서도 근본적인 탐구가 아닐 수 없다. '근본적'이란 문학과 철학과 예술 그리고 비교사상론이나 문화론에서 핵심적이라는 뜻에서다.

13) Ernst Cassirer, Die Philosophie der Aufklärung, a. a. O., S. 366.

14) Immanuel Kant, Idee zu einer allgemeinen Geschichte in weltbürgerlicher Absicht, in) ders, Schriften zur Anthropologie, Geschichtsphilosophie, Politik und Pädagogik 1, hrsg. v. W. Weischedel, Werkausgabe XI, Frankfurt/M. 1977, S. 44.

15) Ebd., S. 39.

16) Ebd., S. 37.

17) Ebd., S. 38.

18) Ebd., S. 43.

19) Immanuel Kant, Beantwortung der Frage: Was ist Aufklärung, in) Schriften zur Anthropologie, Geschichtsphilosophie, Politik und Pädagogik 1, a. a. O., S. 53.

20) Ebd., S. 54.

21) Ebd., S. 55.

22) Immanuel Kant, Idee zu einer allgemeinen Geschichte in weltbürgerlicher Absicht, ebd., S. 45.

23) Ebd., S. 35.

24) Ebd., S. 41.

25) Ebd., S. 45.

26) 여기에 대해서는 졸고, 「예술과 이성 ─ 아도르노와 비판전통」, 2017년 5월 6일 네이버 문화재단 '문화의 안과 밖' 강연 원고 참조.

27) Max Horkheimer/Theodor W. Adorno, Dialektik der Aufklärung, 2. Aufl. Frankfurt/Main 1985, S. 11.

28) Ebd., S. 29.

29) Ebd., S. 66.

30) Ebd., S. 73.

31) Ebd., S. 53f.

32) Ebd., S. 14.

33) Ebd., S. 74.

34) Theodor W. Adorno, Ästhetische Theorie, in) Gesammelte Schriften, Bd., 7, Frankfurt/Main, 1970, S. 87. 105.

35) Max Horkheimer/Theodor W. Adorno, Dialektik der Aufklärung, a. a. O., S. 9f.

36) 김지윤/제임스 김의 「데이터로 보는 세상: '웰빙 라이프', 우리는 어디 쯤 와 있을까?」, 문화일보, 2017년 11월 1일자 참조.

37) 조지프 히스(J. Heath)의 논의도 이런 방향에서, 말하자면 18세기 계몽주의

의 현대적 재구성의 필요라는 관점에서 이뤄진다. 그는 이성이 제대로 작동할 수 있도록 의사결정의 속도를 늦추자는 '느린 정치학(slow politics)'를 주장한다. (Joseph Heath, Enlightenment 2.0, Harper Collins, 2014 참조.)

38) Ernst Cassirer, The Myth of the State, Yale University Press, 1946, p. 273. (E. 카시러, 『국가의 신화』, 최명관 역, 서광사, 1988. 번역은 부분적으로 고쳤다.)

39) ibid., Foreword, xi.

40) '진리의 윤리적 변형'이라는 테제는 푸코에게서 온 것이다. 푸코는 칸트의 「계몽이란 무엇인가?」라는 글을 200년 후에 다시 읽으면서, 근대성의 태도란 현실을 존중하면서도 동시에 위반함으로써 자아를 자율적 주체로 구성하는 데 있다고 보았다. 그는 계몽주의 정신도 교설적 항목에의 충실이 아니라 "이런 태도를 항구적으로 재활성화하는(the permanent reactivation of an attitude)" 데 있다고 파악한 것이다.(Michel Foucault, "What is Enlightenment?", in) Ethics. Subjectivity and Truth, 1997, p. 312.) 이것은 그 자체로 철학적 에토스이기도 하지만, 심미적 경험의 내재적 의미를 이해하는 데도 핵심적이지 않나 여겨진다.

41) Manfred Geier, Aufklärung, a. a. O., S. 291.

42) Karl Popper, Immanuel Kant. Der Philosoph der Aufklärung, in)

Ders.: Die offene Gesellschaft und ihre Feinde. Tübingen 1992, 7., überarbeitete Aufl., S. XX, XXIX.; Manfred Geier, Aufklärung, a. a. O., S. 291f.

43) 심미적 이성의 구조에 대한 아도르노와 김우창의 논의에 대해서는 졸저, 『아도르노와 김우창의 예술문화론』, 한길사, 2006, 237-324쪽 참조.

44) ibid., p.297f.

45) Immanuel Kant, Grundlegung zur Metaphysik der Sitten, Stuttgart 1961, S. 53, S. 71.

46) Thomas Assheuer, Was nun, Herr Kant? Die Zeit, 2015. 12. 17.

47) Immanuel Kant, Der Streit der philosophischen Fakultät mit der Juristischen, in) ders. Schriften zur Anthropologie, Geschichtsphilosophie, Politik und Pädagogik 1, a.a.O., S. 365.

48) 진보의 물신화에 대한 발터 벤야민의 비판은 그렇게 명시적이진 않지만 그러나 곳곳에서 그의 사상을 지탱하는 매우 중요한 관점의 하나로 자리한다. 졸저, 『가면들의 병기창 — 발터 벤야민의 문제의식』, 223, 244쪽 참조

49) 존 그레이(김승진 역), 『하찮은 인간, 호모 라피엔스』, 이후, 2010년, 11쪽 이하 (그레이의 저작에 주목하게 된 것은 유종호 선생님 덕분이다.); 이 책의 원제는 『Straw Dogs: Thoughts on Humans and Other Animals(2002)』이다.

Straw Dog은, 『노자(老子)』에 나오는 "천지는 어질지 않아서, 만물을 짚으로 만든 개처럼 여긴다(天地不仁 以萬物爲芻狗)에서 나온 것이다. 인간도 아마 제사 때면 중요하게 쓰이다가 제사가 끝나면 팽개쳐지는 이 '지푸라기 개'와 비슷할 것이다. 그만큼 인간은 이 만물의 세계에서 주인공은 아닌 것이다.

50) 이것은 휴 헤더링턴(Hugh Hetherington)의 견해다. 「John Gray and the evil at the core of human nature」, The Guardian, 24, Oct. 2014 참조.

51) 존 그레이, 『하찮은 인간, 호모 라피엔스』, 49쪽 이하

찾아보기

개념어

스스로 생각하기의 전통

스스로
생각하기의
전통

2018년 6월 25일 1판 1쇄 박음
2018년 6월 30일 1판 1쇄 펴냄

지은이 문광훈
펴낸이 김철종 박정욱
책임편집 김성은   **디자인** 이정현   **마케팅** 오영일 김지훈
인쇄제작 정민문화사

펴낸곳 에피파니
출판등록 1983년 9월 30일 제1 - 128호
주소 03146 서울시 종로구 삼일대로 453(경운동) KAFFE빌딩 2층
전화번호 02)701 - 6911   **팩스번호** 02)701 - 4449
전자우편 haneon@haneon.com   **홈페이지** www.haneon.com

ISBN 978-89-5596-851-4   04160

이 도서의 국립중앙도서관 출판예정도서목록(CIP)은 서지정보유통지원시스템 홈페이지
(http://seoji.nl.go.kr)와 국가 자료공동목록시스템(http://www.nl.go.kr/kolisnet)에서
이용하실 수 있습니다.(CIP제어번호: CIP2018019197)